· 만들어두면 든든한 건강 밑반찬 ·

일본식 채소절임

계절의 맛을 채소절임으로 즐기세요

사계절 채소절임 달력

채소절임은 제철 채소로 만드는 것이 가장 좋아요.
각 계절의 신선한 맛을 즐겨보세요.

봄

색깔도 아름다운 봄 채소. 봄이 왔음을 느낄 수 있는 재료를 사용한 채소절임에 도전하세요.

양배추와 셀러리를 넣은 깔끔한 절임(P.29)
머위 소금물절임(P.33)
양파 간장절임(P.33)
쌀겨절임 – 양배추 순무(P.35)
        – 파프리카(P.41)
염교 – 단초절임(P.65)
     – 소금절임 초간장절임(P.71)
     – 된장절임(P.71)

여름

매실이 시장에 나오면 여름이 성큼 다가왔다는 것을 느낄 수 있어요.
상큼한 채소절임으로 더운 여름을 이겨내세요.

순무와 귤 절임(P.19)
구운 아스파라거스 올리브오일절임(P.21)
양하와 무를 넣은 단초절임(P.29)
쌀겨절임 – 가지 오이(P.32)
        – 방울토마토 아스파라거스(P.41)
마늘 된장절임(P.49)
우메보시(P.79)
소매실 아삭절임(P.88)
청매실 설탕절임(P.92)
매실주(P.94)
믹스주(P.94)

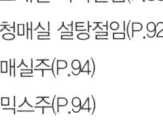

연중
- 혼합채소 나물(P.17)
- 냉동 소송채 매운절임(P.19)
- 오이 초간장 참기름절임(P.21)
- 콩 통조림 허브오일절임(P.25)
- 서니레터스 김치국물절임(P.25)
- 단호박 간장절임(P.29)
- 자색양배추 사과초절임(P.33)
- 쌀겨절임 – 양배추 다시마(P.35)
- – 단호박(P.41)

가을

기본 절임이 적은 가을이지만, 가을의 미각인 버섯류와 감자로도 맛있게 만들 수 있답니다.

- 당근과 무의 양파소스절임(.P17)
- 쌀겨절임 – 당근(P.35)
- – 참마(P.41)
- 된장절임 – 당근(P.43)

겨울

갓과 말린 무는 겨울이 지나가면 구하기 어려워요. 시기를 놓치지 말고 재료를 준비하세요.

- 배추와 경수채의 풍미절임(P.15)
- 오사카식 무 절임(P.15)
- 쌀겨절임 순무(P.35)
- 된장절임 무, 우엉(P.43)
- 배추절임(P.51)
- 갓절임(P.57)
- 라빠차이(P.55)
- 잘게 썬 배추와 유자 절임(P.55)
- 단무지절임(P.73)
- 무말랭이절임(P.77)

채소의 종류와 사계절

제철 채소로 만든 절임은 맛있고 영양도 풍부해요.

잎채소   배추를 비롯한 싱싱한 잎채소

배추 11월 이후
제철 배추는 노란색이 많이 도는데 단맛이 강하다는 증거입니다. 배추절임, 얼절이나 김치 등을 만들어 보세요.

경수채 2월~4월
잘게 썰어 절여 드세요. 수분이 별로 없는 채소이므로 밑절임할 때는 절임물을 부어주는 게 좋아요.

양배추 봄
일년 내내 먹을 수 있지만 봄철에 나온 것은 특히 싱싱하고 부드럽습니다. 쌀겨절임, 얼절이로 드세요.

갓 1월~3월
톡쏘는 풍미가 특징인 갓. 갓절임은 채소절임으로는 물론 볶음밥 등에 넣어도 맛있어요.

뿌리채소   대표적인 무나 순무 외에도 맛있게 먹을 수 있는 뿌리채소가 많이 있어요. 미리 데쳐야 먹기 쉬운 뿌리채소도 있어요.

순무 봄 가을
제철이 2번 있는데 봄에 나오는 순무가 절여 먹기 좋아요. 독특한 점액질과 씹는 맛이 특징.

당근 가을~겨울
겨울 당근은 감칠맛과 단맛이 강하고 영양가도 높답니다. 쌀겨절임, 된장절임이나 얼절이 만들 때 배색으로 올려도 좋습니다.

감자 가을
절여 먹을 생각이 잘 안 들지만, 재빨리 데쳐서 생채 등으로 만들면 아삭아삭한 식감을 즐길 수 있습니다.

무 10월~2월
가을부터 겨울에 걸쳐 출하되지만 12월 정도에 나온 것이 가장 단맛이 많아 얼절이나 쌀겨절임 하기 좋습니다.

우엉 겨울
된장절임 하면 맛있는 우엉. 절이기 전에 데칠 때는 너무 물러지지 않도록 조심하세요.

연근 겨울
사각사각한 식감이 맛있는 연근은 후쿠진즈케 외에 단초절임에도 잘 어울립니다.

그 외 채소
절임용 채소는 그 계절에만 출하되는 것도 있으므로 시기를 놓치지 않도록 주의하세요.

매실 5월~6월
처음 소매, 다음에 청매, 조금 늦게 노란빛이 나는 황매가 나옵니다. 우메보시에는 황매를 사용하세요.

오이 7월~8월
소금절임, 간장절임이나 쌀겨절임 등 어디에도 어울리는 기본채소. 아삭한 식감을 살려서 만들어보세요.

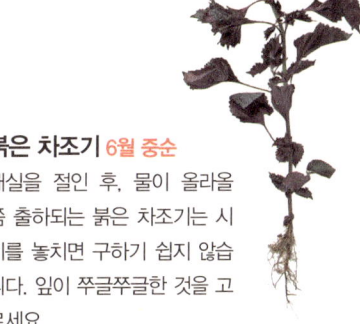

붉은 차조기 6월 중순
매실을 절인 후, 물이 올라올 쯤 출하되는 붉은 차조기는 시기를 놓치면 구하기 쉽지 않습니다. 잎이 쭈글쭈글한 것을 고르세요.

양하 8월~9월
초여름에 출하되는 양하는 알싸한 맛이 덜해요. 독특한 향과 식감을 즐길 수 있는 것은 초여름이 아니라 이 계절의 것입니다. 재빨리 데쳐서 단초에 절이면 예쁜 핑크색으로 발색됩니다.

염교 5월~6월
흙이 붙어 있는 통통하고 둥그스레한 것이 최고. 단초절임 외에도 된장절임, 간장절임에도 어울립니다.

양파 5월~6월
봄에 나오는 양파는 매운맛도 부드럽습니다. 초간장절임을 추천합니다.

버섯류 가을
표고버섯, 새송이버섯, 송이버섯 등의 버섯류는 절이기 전에 재빨리 데칩니다. 간장 풍미의 절임으로 딱 좋아요.

죽순 4월~5월 상순
봄의 맛, 죽순은 절임으로 만들면 1년간 즐길 수 있습니다. 또 즉석 된장절임 등에도 딱입니다.

잎생강
향과 식감이 맛있는 잎생강은 단초나 매실초로 절이는 것이 기본입니다. 색이 예쁘니까 곁들임 음식으로 놓아보세요.

맛있는 채소절임을 위한
조미료 종류와 용도

채소절임의 맛을 결정하는 조미료.
같은 소재라도 조미료에 따라 다양한 채소절임으로 만들 수 있습니다.

조미료 절임양념

재료에 맛을 입히는 것 외에도 절임양념으로 재료의 보존성을 높이고
발효를 촉진시키는 역할을 합니다.

굵은 소금
채소절임에는 정제소금이 아니라 미네랄과 간수가 들어있는 굵은 소금을 사용하세요. 재료의 감칠맛을 한층 더 끌어내줍니다.

간장
일반적으로 진한 간장을 씁니다. 염분을 낮추고 싶다면 저염간장을, 채소절임의 색을 엷게 하고 싶으면 연한 간장을 사용하세요.

된장
된장에는 여러 종류가 있지만 단맛이 강한 것은 채소절임에는 어울리지 않습니다.

설탕
단초절임 등에는 정백당을, 단무지절임 등 절이는 기간이 긴 것에는 천천히 녹는 굵은 설탕을 사용합니다.

식초
식초는 방부성, 살균력이 뛰어난 조미료입니다. 또 재료를 부드럽게 해주고 짠맛을 완화시켜 감칠맛을 끌어내줍니다.

카레가루
채소절임에 카레 맛을 가미해서 스파이시하게. 조금 색다른 맛을 즐길 수 있습니다.

드레싱
샐러드에 뿌리는 것 이외에도 얼절이를 만들 때 조미액으로도 쓸 수 있습니다. 여러 가지 맛이 있으니 좋아하는 채소와 어울리는지 확인해보세요.

양념 채소절임에 풍미를 더해주는 것 이외에도 살균 작용 방부 작용 등의 역할을 하는 양념류

생강
뿌리생강은 저며서 얼절이의 풍미를 높이는데 사용합니다. 초여름에 출하되는 신생강이나 잎생강은 단초나 매실초에 절여서 상쾌한 맛을 즐기세요.

마늘
냄새제거, 항균작용뿐 아니라 조미료에 절여서 마늘 자체로 먹을 수 있습니다.

붉은 고추
재료에 매운 맛을 더해주고 방부효과도 있습니다. 잘라서 사용할 땐 씨를 빼고 사용하세요.

유자
껍질을 배추절임이나 얼절이 등에 넣어서 상쾌한 향을 더합니다.

다시마
감칠맛이 있는 다시마는 국물 맛을 내는데 사용합니다. 두께감이 있고 흰가루가 묻어있는 것을 고르세요. 얼절이에는 간편하게 감칠맛을 더해주는 다시마차, 염장다시마 등을 이용해도 됩니다.

식용유

기름
식용유나 올리브유, 참기름 등의 유분은 채소의 비타민 흡수율을 높여줍니다. 마리에나 오일절임 등에 사용하세요.

쌀겨
쌀 배아 등이 성분. 소금을 넣어서 절임겨로 만들어 채소를 절이면 풍미가 가득한 쌀겨절임이 완성됩니다.

올리브유

생쌀겨와 볶은 쌀겨
시판되는 쌀겨(미강)에는 생쌀겨와 볶은 쌀겨 2종류가 있습니다. 볶은 쌀겨로 팔리는 것은 가공되어 있을 가능성이 있으므로 가장 안심할 수 있는 것은 쌀집에서 파는 생쌀겨입니다.

시작하기 전에 갖춰두면 좋은
채소절임에 필요한 용기와 도구

채소를 절일 때 필요한 용기와 도구입니다.
몇 개 있으면 용도에 맞춰서 사용할 수 있으니까 편리해요.

절임용기

알맞은 크기의 것을 준비합니다. 채소절임에 따라서
소재가 맞는 것과 맞지 않는 것이 있습니다.

도자기 용기
용기보다 조금 작은 누름뚜껑과 누름돌이 세트로 들어있는 것을 사면 편리합니다.

법랑 용기
산과 염분에 강하므로 장기간 절여도 안심입니다. 어떤 절임에도 어울리는 만능 용기입니다. 손잡이가 달린 것은 흔들 때 편리하답니다.

유리 용기
뚜껑을 열어보지 않아도 내부의 상태를 확인할 수 있어서 좋아요. 보기에 멋지기도 하고요. 누름돌로 사용할 수 있는 뚜껑이 달려 있어서 편리합니다. 적은 양을 만들 때 추천합니다.

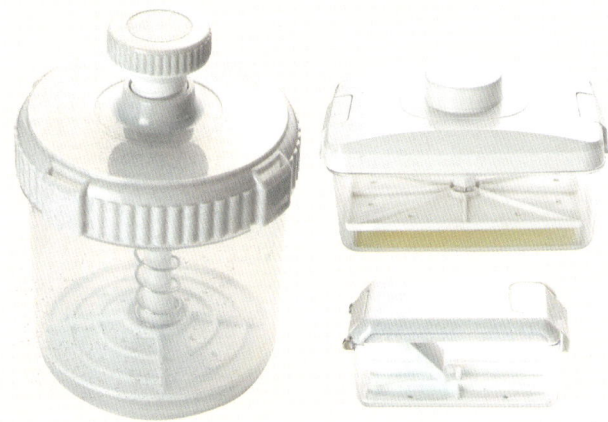

채소절임기
핸들로 누름뚜껑을 조절할 수 있는 채소절임기는 하나쯤 가지고 있으면 편리한 아이템입니다. 콤팩트한 크기의 보관용기로 냉장고에 그대로 넣을 수도 있습니다. 가로로 긴 것, 깊이가 있는 것 등 종류가 여러 가지라 필요한 것으로 고르세요.

보관용기 다 절여지면 조금씩 나눠 담아 잘 보관하세요.
냉장고 사이즈에 맞춰서 고르면 되겠지요?

밀폐용기
겹쳐서 보관하기 쉬운 타입. 양이 많을 때는 깊이감이 있는 것을, 길쭉한 것을 빈틈없이 보관할 때는 넓적한 타입이 있으면 편리합니다.

유리제품
속을 바로 확인할 수 있어서 냉장고에 넣어둔 채 잊어버리는 일은 없습니다. 고무패킹이 달린 것은 밀폐성도 뛰어나므로 냄새가 강한 채소절임을 보관할 때 좋습니다.

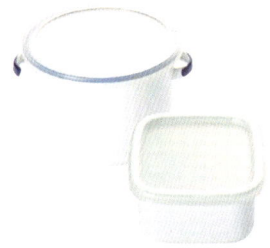

법랑제품
법랑제 보관용기라면 식초나 염분이 강한 채소절임이라도 보관할 수 있습니다. 사이즈도 여러 가지가 있고 손잡이가 있는 것도 있습니다.

도구 채소절임의 도구는 대용할 수 있는 것이 많습니다.
새로 준비하기보다는 가지고 있는 것을 잘 이용해보세요.

큰 그릇
재료를 섞을 때 뿐아니라 간이 채소절임용으로도 사용할 수 있습니다. 어떤 절임에도 사용할 수 있는 법랑제품을 권합니다.

물을 넣어서 누름돌 대신!
물의 양으로 무게를 조절할 수 있으므로 편리합니다. 단, 반드시 누름뚜껑을 하고 올리세요.

누름뚜껑
누름돌과 절임 사이에 꼭 누름뚜껑을 덮고 누름돌의 힘이 균등하게 전해지도록 하세요. 목제 누름뚜껑 외에 유리 접시 등도 이용할 수 있습니다.

붉은 차조기 절임을 할 땐 유리접시를!
우메보시의 붉은 차조기절임 중에 나무 누름뚜껑을 사용하면 차조기의 붉은 색으로 물들어버리므로 유리접시를 사용하세요.

누름돌
손잡이가 있는 채소절임용 돌. 다양한 무게의 누름돌을 가지고 있으면 편리합니다.

누름돌은 뭐든지 사용할 수 있어요.
누름돌은 일부러 사지 않아도 물을 담은 페트병이나 주워온 돌 등으로 대신할 수 있습니다.
단, 돌 등을 사용할 경우에는 깨끗하게 씻은 후, 소독해서 사용하세요.

CONTENTS

TOPICS

- 2   사계절 채소절임 달력
- 4   채소의 종류와 사계절
- 6   조미료 종류와 용도
- 8   채소절임에 필요한 용기와 도구
- 12   일본식 채소절임 만들기 비법
- 26   이제 채소절임을 직접 만들어보세요
- 95   일본 전국 채소절임 지도

제1장   처음 채소절임을 만드는 이를 위한 Q&A
일본식 채소절임의 기초 지식

14   일본식 채소절임이란?
일본식 채소절임의 종류
남은 채소 활용 레시피

16   요즘 유행하는 스타일의 채소절임
쉽게 구할 수 있는 채소 활용하기

18   채소 절이는 법
의외의 재료 활용 레시피

20   소금의 역할
저염파를 위한 활용 레시피

22   용기와 도구 사용의 요령
소독하는 법

24   좀 더 간편한 채소절임을!
초스피드 레시피

제2장 절대 실패하지 않는
채소절임의 기본

28 얼절이
얼절이 만드는 순서
양배추와 셀러리를 넣은 깔끔한 절임
양하와 무를 넣은 단초절임
단호박 간장절임

얼절이 응용레시피
머위 소금물절임
자색양배추 사과식초절임
양파 간장절임

34 쌀겨절임
쌀겨절임 만드는 순서
절임겨 손질 포인트

쌀겨절임 응용레시피
방울토마토, 단호박, 아스파라거스, 참마, 파프리카

42 일본된장절임
일본된장절임 만드는 순서

된장절임 응용레시피
마늘 된장절임

50 배추절임
배추절임 만드는 순서

배추로 만드는 응용레시피
라빠차이
잘게 썬 배추와 유자절임

56 갓절임
갓절임 만드는 순서

갓절임 응용레시피
잘게 썬 갓절임 깨무침
순무 갓절임 무침

64 염교절임
염교절임 만드는 순서

염교절임 응용레시피
염교 소금절임
염교 초간장절임
염교 일본된장절임

72 단무지절임
단무지절임 만드는 순서

단무지절임 응용레시피
무말랭이절임
단무지절임과 돼지고기 볶음
가쿠야

78 우메보시
우메보시 만드는 순서

88 소매실 아삭절임
소매실 아삭절임 만드는 순서

소매실 아삭절임 응용레시피
소매실 피클
우메보시 곰팡이문제 대처법

92 청매실 설탕절임
청매실 설탕절임 만드는 순서

청매실을 사용한 응용레시피
매실주, 믹스주

일본식 채소절임 만들기 비법

1 나만의 맛을 즐기세요

채소절임을 여러 번 만들어본 사람이라도 매번 같은 맛을 낼 수는 없어요. 작년과 맛이 다르니까 실패라고 생각하지 마세요. 집에서 만든 채소절임의 조금씩 다른 맛을 즐기면서 즐겁게 만들어보세요.

2 자주 살펴보세요

채소절임은 재료 상태와 날씨에 영향을 많이 받기 때문에 무척 조심해야 해요. 아무렇게나 두지 말고 자주 살펴보는 것이 성공의 열쇠입니다. 곰팡이 문제도 빨리만 발견하면 대처할 수 있으니까요.

3 계량은 정확하게 하세요

가장 중요한 것은 누름돌과 소금의 양입니다. 특히 소금은 채소절임의 보존성을 좌우하는 중요한 재료입니다. 소금양을 줄이거나 눈대중으로 넣으면 실패하기 쉬워요. 정확하게 계량해서 넣으세요.

4 타이밍이 가장 중요해요

어떤 요리나 마찬가지이지만 채소절임 역시 타이밍을 맞추는 것이 어렵지요. 제철 재료가 나오는 타이밍, 잘 말랐는지, 다 절여졌는지 하는 타이밍은 만들다보면 점차 깨닫게 된답니다. 포기하지 말고 잘 지켜보면 맛있는 채소절임을 먹을 수 있어요.

5 조바심 내지 말고 느긋하게 생각하세요

레시피는 어디까지나 참고만 하세요. 어떤 맛이 나는지 느긋하게 여러 번 만들어본다는 마음가짐이 중요합니다.

제1장

처음 채소절임을 만드는 이를 위한 Q&A

일본식 채소절임의 기초 지식

•

채소절임, 처음 만들어보세요? 우선 약간의 지식을 익히고 도구를 준비해보세요. 도구 사용법과 채소와 조미료에 대한 지식 등 기본을 확실하게 알아두면 좋아요.

제1장의 레시피에 대하여
- 재료는 모두 2~3인이 기준입니다.
- 누름돌은 납작한 접시 4~5개(400~500g 정도)를 겹쳐서 사용하는 것을 말해요.
- 가벼운 누름돌은 납작한 접시 1~2개(100g~200g 정도)를 기준으로 준비하세요.
- 별도로 지정하지 않은 것은 물기를 가볍게 털어서 보기 좋게 담아줍니다.
- 바로 먹지 못할 때는 밀폐용기에 옮겨 담아 냉장고에 보관하세요. 다음날까지는 맛있게 먹을 수 있답니다.

일본식 채소절임 (츠케모노)이란?

일본식 채소절임(츠케모노)은 일본의 전통 보존식품입니다

●

채소절임은 재료를 소금이나 쌀겨, 간장 등에 절여서 오래 두고 먹을 수 있도록 만든 것입니다. 원래는 맛이 진하고 보존 기간이 긴 '장아찌 古漬け(후루즈케)'가 주류였습니다. 하지만 요즘에는 채소의 풍미를 즐기는 음식으로 소금을 덜 넣은 '얼절이 浅漬け(아사즈케)'로 주로 만들어 먹지요.

일본식 채소절임의 종류

채소절임에는 여러 종류가 있는데 크게 나누면 장아찌(후루즈케)와 얼절이(아사즈케)로 나눌 수 있습니다.

얼절이(아사즈케)

소금을 덜 넣어서 오래 보관하기 어려우니 2~3일 안에 먹어야 해요.

▶ 소금, 간장, 드레싱에 이르기까지 맛을 내는 방법이 다양합니다.

장아찌(후루즈케)

진한 맛으로 절여 보존성을 높인 절임

▶ **소금절임** 우메보시, 배추절임, 갓절임 등
▶ **식초절임** 단초절임 염교절임 등
▶ **쌀겨절임** 단무지절임 등
▶ **일본된장절임** 뿌리채소(무, 당근) 일본 된장절임이 대표적
▶ **누룩절임** 벳타라즈케나
  카부라즈시(순무에 빙어살을 끼워 절인 음식) 등

그 외에도 간장절임, 와사비(고추냉이)절임 등 종류가 많지요. 절이는 양념(츠케도코)과 조미액, 무엇을 절이는지에 따라 수많은 채소절임이 있습니다.

채소절임의 과거와 현재

 과거

냉장고가 없는 시대
↓
수확한 채소를 가능한 오랫동안 보관하고 싶음
↓
염장한 장아찌(후루즈케)가 주류

 현재

연중 식재료를 구할 수 있음
냉장고에서 보관 가능
염분을 줄이려는 경향
↓
보존의 필요성이 줄어듬
↓
염분을 줄인
얼절이(아사즈케)가 주류

일본 채소절임 Q&A

Q 유효기한이 있나요?
A 절이는 기간과 염분에 따라 달라집니다.

유효기한은 절이는 기간과 소금양에 비례하기 때문에 같은 채소절임이라도 소금을 적게 넣으면 유효기한은 짧아집니다.

> **유효기한**
> 우메보시 : 매실절임(염분18%) 2년
> 염분을 줄인 우메보시(염분15%) : 1년 이내
> 얼절이(아사즈케) : 2~3일

Q 밑절임이란 무엇인가요?
A 재료의 수분을 빼서 잘 절여지도록 하는 과정입니다.

밑절임이 된 채소는 수분이 빠져 절이는 양념(츠케도코)이나 조미액의 감칠맛이 골고루 잘 스며듭니다. 채소의 종류에 따라 밑절임을 하는 것과 하지 않는 것이 있습니다.

- 밑절임을 하는 것
  우메보시 · 염교절임 · 일본된장절임 등
- 밑절임을 하지 않는 것
  쌀겨절임 · 단무지절임 등

남은 채소 활용 레시피

- **잘 먹지 않는 채소로 절임 만들기**

무청에 비타민A가 많이 들어있어요. 살짝 데친 후, 잘라서 무와 함께 소금절임을 만들어보세요.

무청의 아삭아삭한 식감을 즐겨요
오사카식 무 절임

- **남은 자투리 채소로 절임 만들기**

요리를 하다보면 언제나 조금씩 남는 채소. 이런 채소들을 모아 맛있는 야채절임을 만들어보세요. 뜻밖에 멋진 요리가 완성됩니다.

남은 채소로 재활용!
배추와 경수채의 풍미 절임

재료
무	250g
무청	조금
소금	2/3 작은술

재료
배추	2장
경수채	50g
파, 생강	각각 조금씩
소금	2/3 작은술
참기름	1큰술

만드는 법
1. 무는 껍질을 벗겨 3mm폭으로 은행잎 썰기한다. 무청은 데쳐서 찬물에 담갔다가 물기를 짜고 작게 자른다.
2. 큰 그릇에 무와 무청을 넣고 소금을 뿌려 잘 섞은 후, 누름돌을 올려 1시간 절인다.

만드는 법
1. 배추는 길이를 반으로 자르고, 세로 3~4mm 폭으로 썬다. 경수채는 뿌리를 제거하고 4cm 길이로 썰고 파와 생강은 잘게 다져둔다.
2. 큰 그릇에 1을 담고 소금을 뿌려 전체를 잘 섞는다. 참기름을 넣어 잘 섞은 후, 누름돌을 올려 2시간 절인다.

요즘 유행하는 스타일의 채소절임

라이프 스타일에 맞춘 채소절임의 기술을 알려드립니다

●

채소절임을 오래 두고 먹었던 과거에 비해서 지금은 주거환경도 트렌드도 모두 바뀌었습니다. 요즘 생활에 맞춰 간편하게 야채절임을 즐겨보세요.

싱글라이프에 딱

전체적으로 소금을 뿌리고 누름돌을 올려두기만 하면 완성되는 얼절이는 싱글라이프에 안성맞춤입니다. 혼자 먹을 만큼의 장아찌도 맛있게 만들 수 있어요. 너무 많이 만들면 다 먹지 못할 수도 있으니 우선 적은 양부터 시작해보세요.

매실을 샀다면 반은 우메보시, 반은 매실잼으로 나눠서 만들어보세요. 하나도 남기지 않고 알뜰히 먹을 수 있답니다.

말릴 곳을 찾아라

우메보시나 단무지절임 등은 말릴 공간이 필수적입니다. 마당이 없는 다세대주택이나 아파트에 산다고 하더라도 옥상이나 햇볕이 잘 들고 통풍이 잘 되는 베란다가 있다면 충분히 만들 수 있으니 안심하세요.

우메보시를 만들 때 토왕은 햇볕에 말립니다. 일광이 좋은 장소를 확보하세요.

갓은 바람이 잘 통하는 응달에서 말립니다.

냉장고를 현명하게 활용

요즘 집에는 냉암소라고 불릴만한 곳이 없습니다. 그렇다면 냉장고를 활용해 보세요. 다 절여진 후에 지퍼백이나 밀폐용기 등에 조금씩 나눠 담아 냉장고에 보관하면 됩니다.

겹쳐 쌓을 수 있는 밀폐용기나 속이 보이는 유리병 등이 편리합니다.

채소절임 활용하기 Q&A

Q 처음 만드는 사람에게 추천할만한 절임은 무엇인가요?
A 가장 간단한 얼절이부터 도전해보세요.
짧은 시간에 완성되는 얼절이라면 초심자라도 간단히 식탁에 올릴 수 있어요. 배추절임이나 갓절임도 의외로 간단하답니다. 많이 절였다가 실패하면 아까우니 우선 적은 양부터 시작해보세요.

이제 사 먹지 말고 직접 만든 채소절임의 참맛을 즐겨보세요.

Q 채소절임에서는 왜 신맛이 날까요?
A 절여질수록 발효가 진행되기 때문입니다.
채소절임은 발효가 진행되어 장아찌가 되면 숙성된 감칠맛과 신맛이 더해집니다. 이것은 장아찌만의 참맛이지만 신맛을 싫어한다면 얼절이일 때 먹는 것이 좋지요.

<u>갓절임의 경우</u>

얼절이		장아찌
· 아삭아삭한 식감 · 겨자같은 독특한 향과 매운 맛	2개월 후	· 촉촉한 식감 · 매운맛에 더해져 숙성된 신맛

쉽게 구할 수 있는 채소 활용하기

• 편의점 채소로 채소절임을?
귀가시간이 늦어서 슈퍼나 채소가게가 문을 닫았다면? 편의점의 혼합채소로 채소절임에 도전해보세요!

데쳐서 절임국물에 담그기만 하세요
혼합채소 나물

재료
혼합채소 (양배추, 콩나물, 인삼 등) ·············· 1팩(150g)
A
마늘 간 것 ············ 1/2 작은술
소금 ············ 1/3 작은술
참기름 ············ 1작은술
설탕 ············ 1작은술

만드는 법
1 끓는 물에 혼합채소를 넣어 너무 무르지 않게 살짝 데친 후, 체에 담아서 물기를 뺀다.
2 큰 그릇에 A를 넣어 잘 섞은 후, 채소를 더하여 재빨리 섞는다.
3 누름돌을 올려 1시간 절인다.

• 남은 채소 조합하기
남은 채소를 잘 활용하면 절임의 폭이 넓어집니다. 좋아하는 채소로 도전해보세요.

한 개의 소스로 두 가지 채소절임 만들기
당근과 무의 양파소스절임

재료
당근, 무 ············ 각 50g(세로로 긴 것)
A
양파 다진 것 ············ 2큰술
발사믹 식초 ············ 1큰술
소금 ············ 1/3 작은술
올리브유 ············ 2큰술

만드는 법
1 당근은 필러를 이용해 껍질을 벗긴 다음 계속 필러를 이용해 얇고 기다랗게 벗겨낸다. 무도 같은 방법으로 자른다.
2 넓적한 접시에 A를 넣고 잘 섞은 후, 한쪽엔 당근을 올리고, 다른 한쪽엔 무를 넣어 가벼운 누름돌을 올려 30분 절인다.

채소 절이는 법

제철 채소로 더욱 맛있게

•

채소를 충분히 섭취할 수 있는 채소절임은 현대인에게 참 좋은 음식입니다. 신선한 제철 채소를 즐겨보세요.

뭐든지 절여 보세요

채소절임이라고 하면 배추, 오이나 가지, 순무 등이 대표적이지만 다양한 채소로도 가능해요. 조금 특별한 채소절임에도 도전해 보세요.

주키니 호박과 콜리플라워 마리에

버섯 즉석 절임

채소절임과 어울리지 않을 것 같은 서양채소나 버섯류 등으로도 맛있는 채소절임을 만들 수 있습니다.

흠과 상처는 주의!

채소절임은 대부분 재료를 생으로 절이니까 신선한 것을 사용하는 것이 좋습니다. 신선도가 약간 떨어지는 채소는 데치거나 볶는 등 가열해서 사용하세요.

흠이 생겼다면

매실은 꼭지를 딸 때도 조심하세요. 큰 흠이 생긴 매실은 곰팡이가 생기기 쉬우니까 설탕절임(P86참조) 등으로 활용하세요.

구입한 날 바로 절이기

예를 들어 염교는 사서 바로 절이지 않으면 싹이 납니다. 재료를 샀으면 바로 그날 안으로 절인다! 현명한 채소절임 만들기의 기술입니다.

아삭아삭한 식감을 즐기고 싶다면 재료를 구입한 날 바로 담그는 것이 정답입니다.

채소절임 활용하기 Q&A

Q 채소절임에 어울리지 않는 재료도 있나요?
A 입맛에 따라 다르지만 만들 수 없는 것은 없습니다.

예를 들어 감자류 등 생으로 먹을 수 없는 채소는 채소절임에는 어울리지 않는다고 생각하기 쉽습니다. 하지만 살짝 뜨거운 물에 담그는 등 조금만 과정을 더 하면 맛있게 절일 수 있습니다. 또한 한번 냉동한 채소도 채소절임을 만들 수 있습니다. 시판되는 냉동 채소는 여러 가지 채소가 들어있어서 만들어 놓으면 색깔도 예쁘고 편리합니다. 해동할 때는 완전히 녹이지 말고 반만 녹여서 사용하는 것이 비결입니다.

감자 숙채
물에 담갔다가 너무 무르지 않게 데치고 식초와 설탕으로 절입니다. 사각사각한 식감이 별미입니다.

냉동채소 피클
시판되는 냉동채소로도 채소절임을 만들 수 있어요. 뜨거운 물로 살짝 해동하여 피클액에 절이세요.

의외의 재료 활용 레시피

• **가열채소도 채소절임으로!**
한번 가열한 후 얼린 채소로도 채소절임을 만들 수 있습니다. 완전히 녹이지 말고 반해동 상태로 만드세요.

강한 매운 맛이 악센트!
냉동 소송채 매운 절임

재료
소송채(한번 데쳤다가 얼린 것) ········· 250g
A
파 채썬 것 ·················· 2큰술
두반장, 식용류 ·············· 각 1작은술
소금, 술 ···················· 각 2작은술

만드는 법
1 소송채는 자연 해동시켜 반해동 상태가 되면 4cm 길이로 자른다.
2 큰 그릇에 A를 넣어 잘 섞고 1을 넣은 후, 가벼운 누름돌을 올려 30분 절인다.

memo 무르지 않게 데친 소송채는 물에 담갔다 꺼내 물기를 짠 후, 막대 모양으로 만들어 랩으로 싸서 냉동해둡니다.

• **채소와 과일의 합작품!**
과일도 절일 수 있답니다. 채소와 과일이 어우러진 맛있는 재발견!

새콤달콤한 국물도 같이 드세요
순무와 귤 절임

재료
순무 ···················· 작은 것 4개
귤 ······················· 1개
소금 ···················· 1/3 작은술
설탕 ···················· 1작은술

만드는 법
1 순무는 줄기를 조금 남기고 잎을 제거하여 껍질을 벗긴 후, 꼬치형으로 자른다. 소금을 묻혀서 15분 정도 두고 나긋해지면 물기를 닦는다. 귤은 반은 얇은 껍질을 깨끗하게 까두고 남은 반으로는 즙을 짠다.
2 큰 그릇에 귤즙과 설탕을 넣어 잘 섞고 순무를 넣어서 한번 섞은 후, 가벼운 누름돌을 올려 30분 절인다.

소금의 역할

보존성을 결정하는
중요한 조미료, 소금

•

채소절임은 소금에 절여서 보존성을 높입니다.
채소절임을 만드는데 소금은 아주 중요한 요소입니다.

염분과 보존성

소금에는 탈수성분이 있어 재료의 수분을 빼주기 때문에 균의 번식을 억제하는 효과가 있습니다. 따라서 소금을 채소절임에 사용하면 쉽게 상하는 채소를 오랫동안 보존할 수 있습니다.

소금의 효과
- 재료의 수분을 빼서 보존성을 높인다.
- 본절임의 맛을 더욱 잘 스며들게 한다.

염분과다가 염려되는 사람은

직접 만든다고 염분의 양을 확 줄이면 실패의 원인이 됩니다. 곰팡이가 생기기 쉽고 맛도 없어지거든요. 우메보시라면 최저 10%라는 한도를 지키세요. 아무래도 염분이 신경 쓰인다면 작은 매실을 사용해서 한 번에 먹는 양을 줄이는 것도 방법입니다.

굵은 소금과 정제소금

소금에도 많은 종류가 있지만 채소절임에 가장 어울리는 것은 굵은 소금입니다. 굵은 소금은 입자가 굵고 간수를 어느 정도 포함하고 있어 재료에 잘 달라붙습니다. 그러므로 침투도가 높아져서 잘 절여지기 때문에 맛좋은 채소절임을 만들 수 있습니다.

채소의 감칠맛을 즐기려면 굵은 소금을 쓰세요.

채소가 절여지기까지

채소를 소금에 절이면 세포에서 수분이 빠져나와 숨이 죽습니다.

▶얼절이의 경우
전체가 숨이 죽으면 얼절이로 먹을 수 있습니다.

▶장아찌의 경우
수분이 빠져서 밑절임이 된 채소는 본절임 하세요.

채소절임 활용하기 Q&A

Q 소금을 많이 넣으면 더 오래 보존할 수 있을까요?
A 추천하지 않습니다.
소금을 많이 넣으면 오랫동안 보존할 수 있습니다. 하지만 옛날과 달리 식재료를 염장해서 장기 보관할 필요가 없어졌습니다. 또 염분도 높아지기 때문에 권하지 않습니다.

• 옛날에는 염장이 필수였나요?
1년 내내 대부분의 식재료를 구할 수 있는 현대와는 달리 옛날에는 제철 식품은 그때밖에 구할 수 없는데다 냉장고도 없었지요. 그래서 수확한 채소를 대량으로 소금에 절여서 보관하고 그때그때 물에 담가 소금기를 빼가며 1년에 걸쳐서 먹었습니다.

저염파를 위한 활용 레시피

• 샐러드 스타일로 만들어먹는 채소절임
한번 가열 후에 절이면 부피도 줄고 맛도 잘 스며듭니다. 소금을 조금만 넣어도 완성되는 샐러드 스타일 채소절임을 즐겨보세요.

• 소금없이 만들 수 있다?!
장기보존은 못하지만 소금을 사용하지 않고 다른 조미료만으로 절이는 것도 가능합니다. 간장, 식초 등으로 원하는 맛을 즐기세요.

서양채소로 멋진 일품요리
구운 아스파라거스 올리브오일절임

재료
아스파라거스 ·············· 1묶음

A
올리브유 ·············· 1과 1/2 큰술
소금 ·············· 1/2 작은술
레몬즙 ·············· 1/2 작은술

만드는 법
1 아스파라거스의 겉껍질을 벗기고 뿌리 쪽 딱딱한 부분을 제거한 후, 반으로 잘라 망에 올린다. 노릇하게 구워질 때까지 앞뒤로 뒤집으며 중불에서 천천히 굽는다.
2 뚜껑이 있는 용기에 A를 넣어 잘 섞은 후, 아스파라거스를 넣는다. 도중에 한번 위아래를 바꿔 주면서 30분 정도 절인다.

아삭아삭한 식감을 맛보세요
오이 초간장 참기름절임

재료
오이 ·············· 2개
생강 ·············· 조금

A
간장 ·············· 1/2 큰술
식초 ·············· 1큰술
참기름 ·············· 1작은술

만드는 법
1 오이를 도마에 올려 방망이로 두드린 후 반으로 길게 자른다. 생강은 잘게 다져둔다.
2 평평한 접시에 A를 올려서 잘 섞은 후, 오이를 늘어놓고 간장을 뿌린다. 가벼운 누름돌을 올려 1시간 절인다.
3 오이를 잘라서 보기 좋게 올려 놓는다.

용기와 도구 사용의 요령

고르는 법과
사용 요령을 알려드립니다

•

절임용 도구는 어떤 것을 사용해야 좋을까 망설이게 됩니다. 도구를 고를 때 크기와 소재, 사용하기 편리한지 3가지를 따져보면 됩니다.

만들 양에 맞는 크기를 선택하세요.

만들 양에 비해 너무 크거나 작은 용기는 실패의 원인. 또 보관할 장소도 고려해야합니다. 채소절임기는 하나쯤 갖추어둘만한 편리한 아이템입니다.

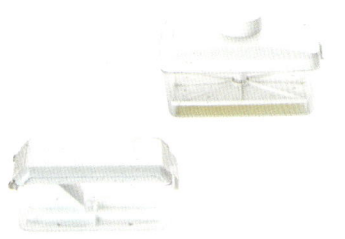

나사로 누름뚜껑을 조절할 수 있는 채소절임기는 냉장고에서 보관할 수 있는 편리한 아이템. 얼절이 등을 편하게 만드는데 안성맞춤입니다.

소재 선택법

신경써야 할 것은 용기나 도구의 소재. 우메보시나 잼 등의 산성이 강한 것이나 장기 보관하는 절임을 플라스틱 용기에 담으면 용기가 녹을 위험성이 있습니다. 법랑제품이라면 어떤 절임을 만들 때에도 사용할 수 있어 편리합니다.

법랑제 용기는 여러 가지 크기가 있습니다. 손잡이 달린 것이 사용하기 쉬우므로 추천합니다.

소금을 끓일 때에는 냄비의 소재에도 신경을 쓰세요.

보관에 적합한 용기

큰 용기에 많은 양을 절인 경우, 그대로 냉장고에 넣을 수 없습니다. 다 절여진 채소를 작게 잘라서 작은 용기에 담아 냉장고에 보관하세요.

냄새가 배지 않도록 밀폐용기를 사용하세요. 유리병 등도 편리해요.

채소절임 활용하기 Q&A

Q 누름돌은 다른 것으로 대용 가능한가요?
A 무게만 적당하다면 무엇이든 상관없습니다.

누름돌은 일부러 구입하지 않아도 물을 담은 페트병이나 큰 그릇, 접시, 덤벨 등 무엇으로든 대체할 수 있습니다. 단 무게를 정확하게 재서 사용하세요. 또 주워온 돌을 사용할 때는 소독하는 걸 잊지 마세요.

페트병 사용시 주의사항
균일하게 누름돌을 올리기 위해서 직사각형 용기와 누름돌을 준비하고 페트병은 평평하게 눕혀서 사용하세요.

Q 소독법을 알려주세요!
A 알코올이나 뜨거운 물로 소독하고 말립니다.

청결한 도구를 사용하는 것이 성공의 열쇠입니다. 우메보시 절임 등 오래 보관해야 하는 채소절임은 잡균이 번식하기 쉽기 때문에 절이기 전에 도구를 꼭 소독하세요. 또 절이는 도중에 곰팡이가 발생했을 때에도 소독해야 합니다.

Q 누름뚜껑은 왜 필요하죠?
A 누름돌을 균일하게 누르기 위해서입니다.

누름돌을 그대로 올리면 균일하게 누름돌의 힘이 가해지지 않습니다. 채소를 빈틈없이 절이기 위해서 꼭 누름뚜껑을 해주세요.

누름뚜껑 주의할 점
누름뚜껑이 기울어져 있거나 너무 작으면 누름돌의 힘이 균일하게 가해지지 않습니다. 용기에 넣은 재료를 평평하게 잘 늘어놓고 누름뚜껑을 올리세요.

○ 누름뚜껑의 크기가 용기보다 약간 작아서 채소절임 전체에 균일하게 닿아있습니다.

기울어져 있거나, 너무 작아서 일부만 누름돌로 눌러있으면 얼룩이 생기는 원인이 됩니다.

소독하는 법

알코올 소독
커다란 용기는 물로 씻은 후, 햇빛에 말리고 알코올로 닦습니다. 누름돌이나 목제 누름뚜껑도 이 방법으로 소독하세요.

삶음 소독
작은 용기나 유리병 등은 끓는 물에 넣어 삶아서 소독하세요. 소독 후 물기를 털고 뒤집어서 건조합니다.

열탕 소독
큰 그릇이나 체 등은 뜨거운 물을 골고루 부어서 소독합니다. 유리는 깨질 위험이 있으므로 미지근한 물로 데운 후 뜨거운 물을 부으세요.

좀 더 간편한 채소절임을!

**샐러드 감각으로
매일 식탁에 올려보세요**

●

채소절임이란 말리고, 절이고, 뒤섞어야 완성되는 귀찮은 것이라고 생각하고 있지 않나요? 어렵게 생각하지 말고 좀 더 가벼운 마음으로 채소절임을 매일 식탁에 올려 보세요.

먼저 얼절이부터

채소절임 초심자는 먼저 얼절이부터 도전해 보세요. 얼절이라면 1시간~하룻밤 절이는 것만으로 완성되므로 바쁜 일상 중에도 편안하게 만들어 볼 수 있어요. 익숙해지면 조금씩 장아찌에 도전해보세요.

밤에 밑준비를 해서 절여두면 자는 사이에 아침 반찬 하나가 완성됩니다.

비결을 알면 시간단축!

채소절임은 아무래도 절여두는 시간이 걸리지요. 조금이라도 시간을 단축하고 싶은 사람은 절이기 전에 조금만 궁리하세요. 빨리 만들 수 있는 비결을 알려드릴게요.

자르기 작게 자르면 그만큼 절여지는 시간이 빨라져요.
가열 가열하면 소금이나 액의 침투가 빨라져요. 하지만 지나치게 가열하는 것은 NG!

빠른 완성 비결은 [작게 자르기]와 [가열하기]

신맛이 심해지면 리사이클

시간이 지나면 채소절임은 점점 시어져서 먹기 어려워요. 그럴 때에는 볶거나, 물에 헹궈서 다른 양념을 더하는 등 재활용해 빨리 먹는 것이 좋아요.

조리예

▶배추절임
볶거나 전골로 만들어보세요. 신맛에 신경쓰지 않고 맛있게 먹을 수 있어요.

▶쌀겨절임
잘게 썰어서 생강즙, 깨, 간장을 넣고 섞어 오차즈케의 고명으로 써보세요.

▶단무지절임
얇게 썰어 조림(긴삐라)을 하면 풍미와 식감을 즐길 수 있어요.

채소절임 활용하기 Q&A

Q 어떤 조미료도 사용할 수 있나요?
A 드레싱이라도 채소절임에 사용할 수 있습니다.

채소절임에 사용하는 조미료는 소금, 간장, 식초가 대표적입니다. 간편하게 마트에서 파는 드레싱을 사용해도 괜찮습니다. 조미료를 섞는 수고도 덜고, 여러 가지 새로운 맛을 즐길 수 있어요.

시판 상품 응용하기

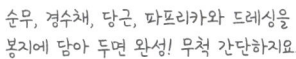
순무, 경수채, 당근, 파프리카와 드레싱을 봉지에 담아 두면 완성! 무척 간단하지요.

드레싱 | 자른 채소를 담가두는 것만으로 맛있는 채소절임이 됩니다. 여러 가지 맛을 즐길 수 있는 것도 기쁨이지요.
매실페이스트 | 매실페이스트를 얼절이액 속에 넣어보세요. 매실 향을 즐길 수 있는 얼절이를 간단하게 만들 수 있어요.
다시마차 | 다시마를 잘라 넣는 것이 귀찮을 경우 시판하는 다시마차를 이용해도 좋아요. 염장다시마를 대용할 수 있습니다.

초스피드 레시피

- **통조림을 채소절임으로 이용!**

통조림의 채소를 조미료와 섞기만 하면 되니까 간단하지요. 밑준비가 필요없으니 정말 쉽고 편해요.

세련된 델리풍 채소절임
콩 통조림 허브오일절임

재료
혼합콩 통조림(드라이타입) ······ 120g
버섯통조림(슬라이스) ······ 75g

A
바질가루 ······ 1/2 작은술
올리브오일 ······ 2큰술
소금 ······ 1/3 작은술
식초 ······ 1큰술

만드는 법
1 큰 그릇에 A을 넣어서 잘 섞는다.
2 1에 혼합콩과 물기를 없앤 버섯을 넣고 재빨리 섞는다.
3 가벼운 누름돌을 올려 1시간 절인다.

남은 김치국물로 요리 한가지!
서니레터스 김치국물절임

재료
서니레터스 ······ 1/2개

A
김치국물 ······ 3큰술
간장, 참기름 ······ 각 1작은술

만드는 법
1 서니레터스는 한 장씩 벗겨서 잘 씻고 물기를 털고 손으로 큼직하게 자른다.
2 밀폐 가능한 비닐팩에 서니레터스를 채워 넣고 A를 넣은 후, 공기를 빼면서 입구를 닫는다.
3 비닐팩 위부터 손으로 누르면서 전체에 맛이 배도록 1시간 절인다.

채소절임으로 건강하게!
이제 채소절임을 직접 만들어보세요

채소는 샐러드로 보충하는 것이 대부분인 현대인.
하지만 채소절임은 샐러드보다 더 많이 먹을 수 있어요.
채소절임으로 건강한 식생활을 만들어보세요.

채소절임은 건강식!

채소절임은 기름을 전혀 사용하지 않아요. 그래서 건강에 더 좋습니다. 드레싱을 뿌린 샐러드보다 저칼로리! 다이어트 중에도 안심하고 먹을 수 있어요.

채소를 듬뿍 섭취!

채소절임은 채소의 부피가 작아져서 생으로 먹을 때보다 많은 양을 먹을 수 있어요. 채소절임은 현대인의 채소 부족을 해소시켜주는 든든한 조리법입니다.

제철 채소로 영양만점!

계절에 관계없이 식재료를 구할 수 있는 시대지만 제철 채소로 채소절임을 만들어보세요. 제철 채소는 맛도 좋지만 영양가도 높습니다. 그 계절의 맛을 즐겨보세요.

채소절임으로 뱃속까지 상쾌!

채소절임에서 발생하는 유산균이라는 미생물은 정장작용이 뛰어납니다. 식물섬유가 풍부한 채소를 절임으로 먹으면 유산균 효과로 건강한 장 환경이 만들어집니다.

영양가 높은 채소절임!

절이면 영양가가 더욱 높아지는 채소도 있습니다. 특히 쌀겨절임은 쌀겨에 포함된 비타민B가 녹아나와 영양가가 높아지지요.

제2장

절대 실패하지 않는
채소절임의 기본

•

책에 나온 대로 만드는데 왜 제대로 안 되는 걸까? 누구나 한번쯤 이런 생각하시죠? 소금절임, 된장절임 등 기본 절임의 기본 레시피를 공개합니다. 맛있게 절이는 비결도 놓치지 마세요.

얼절이 (아사즈케)

보기만 해도 입맛이 살아나는 얼절이. 1시간이면 만들 수 있어 가볍게 채소절임을 즐기고 싶을 때 좋아요. 소금절임, 식초절임, 간장절임 3가지 아사즈케를 소개합니다.

소금절임 (양배추와 셀러리를 넣은 깔끔한 절임)

How To Make
(P.30 참조)

1 밑준비
채소를 밑준비합니다.

2 소금을 뿌린다
용기에 채소를 넣고 소금을 전체적으로 뿌립니다.

3 절인다
술과 물을 넣고 누름돌을 올려 절입니다.

Ingredient
재료
양배추	300g
셀러리	1개
오이	1개
생강	조금
소금	2작은술
술	1/2 컵

☑ 절이는 시간 1시간
☑ 보관장소 냉장고

식초절임 (양하와 무를 넣은 단초절임)

How To Make
(P.30 참조)

1 밑준비
무는 소금에 절이고 양하는 데칩니다.

2 절임액 만들기
식초, 설탕, 소금을 섞어서 절임액을 만듭니다.

3 절인다
양하와 무를 넣어서 절입니다.

Ingredient
재료
양하	2개
무	300g
소금	1작은술
식초	4큰술
설탕	1/2 큰술
소금	1/2 작은술

☑ 절이는 시간 1시간
☑ 보관장소 냉장고

간장절임 (단호박 간장절임)

How To Make
(P.32 참조)

1 밑준비
단호박 씨와 속을 제거하고 너무 무르지 않게 데칩니다.

2 절임액 만들기
간장과 술을 섞어서 절임액을 만듭니다.

3 절인다
단호박을 절임액에 넣어서 절입니다.

Ingredient
재료
단호박	2개
간장	2큰술
술	2큰술

☑ 절이는 시간 1시간
☑ 보관장소 냉장고

Hot To Make

\ 얼절이 만드는 순서 /

소금절임 (양배추와 셀러리를 넣은 깔끔한 절임)

1 밑준비

양배추는 잎맥을 제거하여 잘게 썰고, 생강은 채칩니다. 셀러리와 오이는 2~3mm 폭으로 자릅니다.

2 소금을 전체에 바른다

용기에 1을 넣어서 소금을 뿌려 전체적으로 섞이게 합니다.

3 절인다

술과 물을 넣은 후, 누름뚜껑을 덮고 1kg 정도의 누름돌을 올려서 1시간 정도 절입니다. 먹을 때 물기를 가볍게 짜 주세요.

식초절임 (양하와 무를 넣은 단초절임)

1 밑준비

무는 3cm의 길이로 길고 가늘게 썰어 소금을 뿌려 섞은 후, 누름돌을 올려서 1시간 절입니다.

양하는 5mm폭으로 자르고 뜨거운 물에 넣어 20초 정도 데친 후, 체에 받쳐 물기를 뺍니다.

2 절임액을 만든다

큰 그릇에 식초, 설탕, 소금을 넣어 잘 섞고, 양하가 뜨거울 때 절임액에 넣어 10분 정도 절입니다.

3 절인다

물기를 짠 1의 무를 넣고 누름돌을 올려 1시간 정도 절입니다.

Q 소금은 어느 정도 넣으면 될까요?
A 채소의 1.5~2%가 기준입니다.

2~3일 내에 다 먹어야 하는 얼절이는 재료의 1.5~2% 정도 소금으로 절입니다. 무처럼 물기가 많은 것은 1.5% 정도, 양배추 등 물기가 적은 것은 2%, 가지를 예쁜 색으로 절이고 싶을 때는 2.5% 정도의 소금에 마중물(물 1컵에 대해 소금 1큰술)을 더하면 효과적입니다.

Q 소금절임을 할 때 손으로 비비지 않아도 되나요?
A 비비지 말고 소금을 전체적으로 뿌린 후, 골고루 섞어주세요.

비비지 마세요. 손으로 비비면 채소의 섬유질이 파괴되고 색도 변할 수 있어요. 소금을 뿌릴 때는 위에서 뿌려 골고루 섞고 전체적으로 발라주는 느낌으로만 하고 가벼운 누름돌을 올려서 2~3시간 절입니다.

Q 누름돌의 무게는 어느 정도가 좋은가요?
A 기본적으로는 재료와 같은 배율입니다.

무처럼 수분이 많은 채소는 재료와 같은 무게의 누름돌을 사용합니다. 한편 수분이 적은 채소는 2배 정도 무게의 누름돌을 올리는 것이 절이기 쉽겠지요. 얼절이의 경우, 많이 만들지 않으니 누름돌은 큰 그릇이나 넓적한 접시로 대체해도 상관없답니다. 무게가 덜 나가는 것 같으면 돌을 올리거나 물을 넣어서 조절하세요.

\알려주세요/
"소금절임의 요령!"

양배추에서 물이 올라오지 않을 때

물을 더 넣으세요.
양배추는 조금 작게 자르고 소금을 조금 많다싶게 뿌린 후, 물을 조금 넣고 절이면 잘 절여집니다. 절이는 시간은 조금 길게 잡으세요.

Q 양하의 예쁜 색을 살리고 싶어요
A 양하가 뜨거울 때 절임액에 담그는 것이 비결입니다.

양하는 맛이 잘 스며들지 않으므로 살짝 데쳐 미리 밑준비 하세요. 양하가 뜨거울 때 절임액에 담그면 선명한 붉은색이 되고, 조금 지나면 절임액도 예쁜 분홍빛으로 변합니다.

Q 식초는 아무거나 사용해도 되나요?
A 집에 있는 식초로 충분합니다.

식초는 뭐든지 써도 됩니다. 일반 가정에서 사용하는 식초로 충분하답니다. 쌀식초, 사과식초와 같은 과실초, 발사믹식초 등 많은 종류가 있습니다. 좋아하는 식초를 사용해서 새로운 맛에 도전해도 좋아요.

Q 식초절임에 어울리지 않는 채소가 있나요?
A 녹색 채소는 어울리지 않아요.

아스파라거스 오이 머위

오이, 아스파라거스, 머위 등 선명한 녹색채소는 식초로 절이면 색이 빠지거나 거무스름해져서 보기에 그다지 좋지 않아요. 하지만 피클 등도 식초로 절여서 먹는 거니까 색만 신경쓰지 않는다면 맛있게 먹을 수 있어요.

Q 무는 생으로 절여도 괜찮나요?
A 네, 괜찮습니다.

양하처럼 맛이 스며들기 어려운 채소는 데쳐서 사용하지만, 무는 수분양이 많아 절이기 쉬우므로 밑절임만으로 충분해요. 식초절임할 때 데치면 좋은 채소로는 생강, 단호박, 감자 등이 있습니다.

Hot To Make

\ 얼절이 만드는 순서 /

간장절임 (단호박 간장절임)

1 밑준비

단호박은 씨와 속을 제거하고 4~5mm 두께로 잘라 무르지 않을 정도로 데칩니다.

2 절임액을 만든다

용기에 간장과 술을 섞고 물기를 완전히 제거한 단호박을 넣어줍니다.

3 절인다

도중에 몇 번 정도 뒤집어 빈틈없이 맛이 배도록 해주세요. 1시간 정도면 먹을 수 있습니다.

Q 저염 간장에도 절여지나요?

A 맛있게 절여집니다.

저염간장에도 맛있게 절여집니다. 단 가능한 빨리 먹어야겠지요. 염분을 줄이고 싶다면 일반 간장에 물에 섞어 절임액을 만드는 방법도 있습니다.

Q 단단한 채소를 절일 때 포인트는?

A 표면에 칼집을 넣어줍니다.

무나 오이, 당근과 같은 단단한 채소는 절여지기까지 시간이 많이 걸립니다. 빨리 절이는 비법은 채소 표면에 비스듬히 가는 칼집을 내는 것입니다. 절임액이 채소 속까지 깊이 침투해서 빨리 절여진답니다.

Q 너무 짜서 먹을 수가 없습니다. 어떻게 하면 좋을까요?

A 지나치게 절여지지 않게 빠른 시간 내에 드세요.

단호박은 맛이 빨리 들어 1시간 정도 절이면 속까지 맛이 잘 배어듭니다. 너무 절이면 맛이 진해져서 맛이 없으므로 가능한 빨리 먹는 것이 좋습니다. 단호박뿐 아니라 다른 채소도 마찬가지입니다.

Q 맛이 균일하게 배이게 하려면 어떻게 해야 할까요?

A 중간에 위아래를 바꿔가며 절이세요.

간장절임을 만들 때 절임액의 양은 그렇게 많지 않습니다. 가능한 얕고 커다란 용기를 고르세요. 절이는 도중에 몇 번 정도 섞어서 절임액이 골고루 스며들게 하세요.
뚜껑 달린 밀폐용기는 용기채로 뒤집을 수 있어 무척 편리합니다.

얼절이 응용레시피

소금
머위 소금물절임

재료
머위 ······················· 1묶음
소금 ················ 1작은술+1큰술

만드는 법
1 머위는 잎을 떼고 용기 길이에 맞춰 잘라두세요. 소금 1작은술을 넣은 끓는 물에 굵은 것부터 넣어서 머위가 나긋해지면 꺼내 냉수에 담그세요.
2 끝에서부터 껍질을 벗긴 다음 체에 올려 물기를 뺍니다. 용기에 머위를 올려놓고 소금 1큰술을 뿌리고 꽉 채웁니다.
3 머위가 잠길 정도까지 약 500ml의 물을 붓고 뚜껑을 덮은 후, 냉장고에서 2~3일 절입니다.

식초
자색양배추 사과식초절임

재료
자색 양배추 ··················· 300g

A
사과식초 ····················· 3/4컵
물 ························· 1/4컵
설탕 ························ 3큰술
소금 ······················ 1작은술

만드는 법
1 자색양배추는 잎맥을 잘 깎아내고 잘게 썰어 소금을 조금 넣은 끓는 물에 데칩니다. 데친 후에 체에 건져 식힙니다.
2 큰 그릇에 A를 넣고 1을 담아 잘 섞은 후, 누름돌을 올려 2시간 이상 절입니다.
3 먹을 만큼 꺼내 물기를 조금 짜고 접시에 올리면 완성입니다.

간장
양파 간장절임

재료
양파 ·························· 2개
가쓰오부시 ···················· 10g

A
간장 ······················· 3큰술
술 ························· 2큰술
식초 ······················· 1큰술

만드는 법
1 양파는 세로로 반 잘라 7~8mm 폭으로 자릅니다.
2 큰 그릇에 A를 붓고, 1을 넣어 잘 섞은 후, 가쓰오부시를 뿌립니다.
3 누름돌을 올려서 1시간 정도 절입니다.

쌀겨절임

제철 채소를 그때그때 절이는 것만으로 1년 내내 맛있는 쌀겨절임을 즐길 수 있습니다.
맛있는 쌀겨절임을 만들어보세요.

Hot To Make

각 집마다 다른 오리지널 맛을 즐기세요
쌀겨절임 만드는 순서

1 절임겨를 만든다(P.36 참조)
소금을 끓여서 식힌 후, 쌀겨와 섞어서 절임겨를 만드세요.

2 버리기 절임을 한다(P.36 참조)
절임겨를 숙성시키기 위해서 버리기 절임용 채소를 넣고 절이세요. 2~3주간 계속합니다.

3 절인다(P.38 참조)
채소는 작게 자르지 말고 큼직큼직하게 절이세요.

Ingredient
용기
법랑냄비 또는 산이나 염분에 강한 보관 용기

재료(절임겨)
생쌀겨	1.5kg
물	1200ml
소금	200g
다시마	10cm×2장
붉은고추	2~3개
산초(생)	2큰술

버리기용 채소
(순무잎이나 무청, 양배추, 배추의 겉잎 등)
절이기용 채소
(순무, 가지, 양배추, 당근, 무, 다시마 등)

Point
보관용기는?
밀폐용기는 발효되기 쉽기 때문에 좋지 않습니다. 적당하게 공기가 들어오는 뚜껑있는 법랑이 좋습니다.

쌀겨절임 잘 만드는 요령	1	**먼저 2~3주간 열심히 해보세요** 버리기절임이 잘 완료되었다면 절임겨 준비는 끝난 거예요. 시간과 수고가 들어가지만 이 과정을 대충하지 않는 것이 중요합니다.
	2	**매일 뒤섞는다** 절임겨를 오래 보관하기 위한 비결은 매일 섞어 주는 것입니다. 그것이 힘들다면 마음을 접고 냉장고에 넣어두세요.
	3	**청결에 신경쓰세요** 절임겨를 섞은 후나 채소를 꺼낸 다음엔 용기를 깨끗하게 닦아두세요. 무엇보다도 사전 예방이 중요합니다.

☑ 절이는 시기 5~6월
☑ 유효기간 절임겨는 반영구
☑ 먹을 때 채소에 따라 다름
☑ 보관장소 냉암소

1 절임겨를 만든다

1 소금물을 펄펄 끓인다
법랑냄비에 분량의 물을 끓이다가 소금을 넣어 녹인 후, 그대로 식히세요.

2 소금물을 쌀겨에 넣는다
소금물이 식으면 절임 용기에 담긴 쌀겨에 1을 조금씩 붓습니다.

3 잘 섞는다
소금물을 몇 번에 걸쳐서 붓고 바닥부터 잘 섞어 쌀겨의 묽기를 조절하세요.

4 재료를 넣는다
다시마와 붉은고추, 산초를 넣고 다시 맨 밑바닥에서부터 잘 섞어주세요.

2 버리기 절임을 한다

1 버리기 절임용 채소를 넣는다
버리기 절임용 채소를 절임겨 속에 넣습니다.
채소를 끈으로 묶어두면 나중에 꺼낼 때 편합니다.

2 표면을 평평하게 한다
표면을 평평하게 하고 손으로 눌러서 안에 있는 공기를 빼세요. 용기의 측면은 젖은 행주 등으로 깨끗하게 닦으세요.

3 버리기 절임을 한다
다음날부터 2주 정도 아침저녁 한 번씩 바닥에서부터 절임겨를 잘 섞어주세요. 2~3일 지나면 채소를 새로운 것으로 갈아줍니다.

\ 알려주세요 /
"쌀겨절임의 요령!"

소금물은 분량 이외에 더 넣지 마세요.

쌀겨에 소금물을 넣고 뒤섞을 때 뻑뻑하다고 소금물을 더 넣으면 안 됩니다. 절이는 동안 채소에서 수분이 나와서 절임겨가 너무 질척이기 때문입니다.

Q 생쌀겨와 볶은쌀겨, 어느 쪽이 좋을까요?
A 생쌀겨를 권합니다.

슈퍼에서 파는 볶은 쌀겨는 뭐가 들어있는지 알 수 없습니다. 쌀겨절임을 직접 만드는 거라면 신선하고 안심할 수 있는 재료를 고르세요. 생쌀겨(미강가루)는 쌀가게 등에서 싸게 살 수 있습니다.

Q 왜 소금물을 식혀서 쌀겨에 넣나요?
A 뜨거운 물을 넣으면 절임겨가 발효되지 않기 때문입니다.

끓는 물에 녹인 소금물은 반드시 식혀서 절임겨에 넣어야 합니다. 소금물이 뜨거우면 쌀겨가 익어버립니다.

Q 절임겨의 묽기는 어느 정도면 될까요?
A 단단한 점토 정도가 될 때까지

보통 귓불 정도의 묽기라고 말하지만 절임겨를 만드는 단계에서는 그렇게까지 부드럽게 되지 않습니다. 귓불 정도로 말랑해지는 것은 절여지며 채소의 수분이 밖으로 나오기 때문입니다. 절임겨의 기준은 단단한 점토 정도라고 기억해두세요.

Q 버리기 절임은 왜 하는 건가요?
A 버리기 절임을 하지 않으면 채소가 절여지지 않습니다.

쌀겨에 소금물을 넣어서 섞는 것만으로는 절임겨는 아직 뻑뻑하고 맛에도 깊이가 없습니다. 순무 잎이나 배추의 겉잎 등을 넣어서 채소의 맛과 수분이 쌀겨양념에 배도록 하고 이를 반복해서 알맞은 묽기의 절임겨가 완성됩니다.

Q 버리기 절임 기간 중에는 어디에서 보관하면 좋을까요?

A 반드시 상온에서 보관하세요.

버리기 절임은 쌀겨절임의 맛을 만드는 중요한 기간입니다. 이때야말로 발효에서 가장 중요한 때이므로 냉장고에 넣어두면 아무리 시간이 지나도 절여지지 않습니다. 반드시 상온에서 보관하세요.

Q 손에 냄새 배는 것이 싫어요. 장갑을 끼고 섞어도 될까요?
A 괜찮습니다. 위생 장갑이나 의료용 장갑 등을 사용하세요.

맨손으로 섞는 것이 제일 좋지만, 투명하고 얇은 위생장갑도 괜찮습니다. 추천하고 싶은 것은 의료용 얇은 장갑입니다. 얇고 항균도 되어있어 민감한 절임겨 손질에 딱 맞습니다.

Q 버리기 절임용 채소는 어떤 것을 쓰면 좋을까요?
A 버릴 야채를 사용하세요.

버리기용 채소는 나중에 버리는 것이므로 양배추나 배추의 겉잎, 뿌리채소의 줄기 등 냉장고에 있는 채소를 이용하는 것이 좋겠지요. 하지만 무는 수분이 많아서 절임겨가 너무 묽어지므로 넣지 않는 것이 좋습니다.

3 절인다

1 밑준비를 한다
순무는 신선한 것으로 껍질째 절이세요. 줄기를 2cm 정도 남기고 잎을 자른 후, 밑동 부분만 껍질을 벗기세요.

2 칼집을 낸다
세로로 칼집을 냅니다. 빨리 절이고 싶을 때는 세로로 반을 잘라 절여주세요.

3 절인다
줄기가 위를 향하도록 절임겨에 집어넣으세요. 순무는 하루 정도 절이면 맛있게 먹을 수 있습니다.

Q 채소의 밑준비는 어떻게 하면 좋을까요?
A 채소는 큼직한 그대로 절이세요.
채소는 기본적으로 커다란 상태 그대로 절이고 먹을 때 잘라서 드세요.

양배추 절이는 시간 1일

1 잎을 1장씩 벗긴 후, 그 위에 절임겨를 한줌 올리고 접어주세요.
2 잎사귀를 둥글게 접어 절임겨 속에 넣어주세요. 남은 심 부분은 그대로 절여주세요.

가지 절이는 시간 하룻밤(8시간)

1 꼭지 끝을 제거하고 주변의 꽃받침을 정리하세요.
2 절임겨를 가지에 문질러 바르고 꼭지가 위로 향하게 세로로 꽂아주세요.

오이 절이는 시간 5~6시간

1 꼭지를 위로 해서 세우듯이 절이세요. 절임겨의 높이가 낮을 때는 반으로 잘라서 절이세요.

당근, 무 절이는 시간 1일

1 껍질을 벗겨 세로로 반을 자르고 세로로 세워 절임겨에 꽂아넣어주세요. 무를 절일 때에도 같은 방법으로 합니다.

다시마 절이는 시간 1~2일

1 국물 낸 후의 다시마는 하루 정도 말려서 절이세요.

Q 절이는 시간의 기준을 알려주세요.
A 계절에 따라서 달라집니다.

채소나 계절에 따라 달라지지만 여름에는 반나절에서 하루, 겨울에는 하루 이상이 기준입니다.

Q 처음에 넣은 붉은 고추나 다시마는 언제까지 넣어두면 좋을까요?
A 절임겨가 완성될 때까지 그대로 두세요.

다시마는 맛을 내고 붉은 고추는 풍미를 더하기 위해 넣는 것이므로 절임겨가 완성될 때까지 그대로 두세요.

쌀겨절임의 포인트

쌀겨절임이 완성되면 다시마는 꺼내서 먹어도 됩니다. 그때는 다시마를 새로 넣는 것이 좋지만 저는 국물을 낸 다시마를 말려 두었다가 이용합니다.

Q 절임겨는 매일 섞어야 하나요?
A 매일 섞어주세요.

쌀겨절임을 맛있게 만드는 비결은 매일 용기 속에 손을 넣어 쌀겨 전체를 잘 섞어주는 것입니다. 절임겨가 적당히 발효되어 독특한 맛을 즐길 수 있습니다.

Q 채소가 절임겨 밖으로 삐져나왔습니다. 괜찮을까요?
A 적은 양의 절임겨에 너무 많은 채소를 절인 건 아닌가요?

채소가 절임겨 밖으로 나와 있으면 균일하게 절여지지 않고 색도 안 좋아집니다. 채소는 절임겨에 푹 담가놓으세요. 절이고 싶은 채소의 양을 고려해서 적당한 크기의 용기를 선택하는 것도 중요합니다. 용기의 깊이가 너무 낮아도 섞기 힘드니까 절임겨가 용기 반 정도까지 오는 것으로 고르세요.

Q 쌀겨가 시큼해졌는데 어떻게 하면 좋을까요?
A 곰팡이가 생기기 전에 바로 대처하세요.

절인 채소가 시큼해서 먹기 어려워졌다는 것은 지나치게 절임겨가 발효되었기 때문입니다. 그럴 때는 절임겨에 들어있는 채소를 전부 꺼내고 겨자가루를 조금씩 넣어가며 잘 섞어주세요. 2~3일은 채소를 넣지 말고 아침저녁으로 잘 섞은 후, 다시 채소를 넣어 절여주세요.

Q 절임겨는 어디에 보관하면 좋을까요?
A 통풍이 잘 되는 서늘한 장소에서 보관하세요.

보통 냉암소에서 보관하라고 말하지만 통풍이 잘되는 서늘한 장소면 됩니다. 단, 하루 종일 집을 비울 때에는 냉장고에서 보관하는 것이 좋습니다. 저는 외출해서 섞지 못할 때는 냉장고, 집에 있을 때는 상온을 철저하게 지키고 있답니다.

• 절임겨 손질 포인트 •

손질의 기본은 매일 섞어주는 것부터!

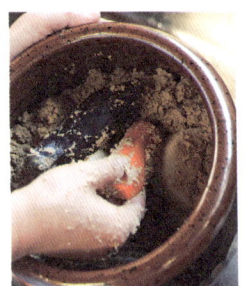

섞을 때 용기 바닥이 보일 정도로 뒤집어 주는 것이 비결. 뒤집어 섞은 후에는 표면을 평평하게 만들고 공기를 뺀 후, 용기 측면은 젖은 행주 등으로 잘 닦아주세요.

Q 쌀겨에 곰팡이가 생겼다면 어떻게 하면 좋을까요?
A 바로 꺼내서 처리하면 되살릴 수 있습니다.

쌀겨에서 곰팡이가 발견되면 바로 제거하세요. 이때 곰팡이 부분과 그 주변을 조금 많다 싶을 정도로 퍼서 버리세요. 그리고 절임겨를 일단 다른 용기로 옮긴 후, 용기를 닦고 햇빛에 말려서 다시 절임겨를 넣습니다.
2~3일은 채소를 넣지 말고 아침저녁으로 정성스레 뒤섞은 후, 다시 채소를 넣어 절이세요.

Q 절임겨를 더 늘리고 싶은데 어떻게 하면 될까요?
A 쌀겨를 보충하세요.

매일 절이면 절임겨의 양도 줄어듭니다. 그럴 때는 생쌀겨 한 컵에, 소금 1큰술의 비율로 넣고 바닥에서부터 잘 섞어주세요. 이것을 쌀겨보충이라고 합니다.

Q 절임겨가 묽어졌을 때는 어떻게 하면 좋을까요?
A 쌀겨를 보충해서 묽기를 조절하세요.

수분이 많은 채소를 절이면 절임겨가 질척해지면서 너무 묽어집니다. 두 손으로 절임겨를 꽉 눌렀을 때, 질척거리며 수분이 나온다면 앞에서 말한 방법으로 쌀겨를 보충하여 묽기를 조절해주세요. 그리고 매일 하면 좋아요. 키친타올 등으로 절임겨 표면의 수분을 흡수하는 것입니다.

Q 겨울에 절임겨를 쓰지 않을 때나 장기간 집을 비울 때는 어떻게 할까요?
A 냉장고에 보관합니다.

겨울철 쌀겨절임을 안 할 때는 절여진 채소를 전부 꺼내고 절임겨를 비닐백 또는 밀폐용기에 담아 냉장고에서 보관하세요. 사용할 땐 절임용기에 다시 넣고 잘 섞어서 쓰면 됩니다.

Q 채소를 절임겨에서 꺼낼 때 주의할 점은 무엇인가요?
A 채소에 붙은 쌀겨를 잘 긁어내세요.

절임겨에서 꺼냈을 때, 채소에 붙어있는 쌀겨를 긁어내서 털어주세요. 쌀겨가 묻은 상태로 채소를 계속 꺼내면 절임겨가 점점 줄어들어요.

▌ 쌀겨절임 응용레시피 ▐

가지나 오이 외에도 여러 가지 채소를 절일 수 있어요.
여러 색깔의 채소를 이용한 쌀겨절임에 도전해보세요.

방울토마토

계절 : 여름
밑준비 : 껍질을 벗기지 말고 꼭지를 딴 후, 그대로 절이세요.

아스파라거스

계절 : 초여름
밑준비 : 생으로 절이면 됩니다.

단호박

계절 : 상시
밑준비 : 납작하게 잘라서 풋내가 없어질 정도로만 데친 후, 절여주세요.

참마
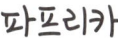
계절 : 가을
밑준비 : 물로 씻은 후, 껍질 째 잘라서 절이세요.

파프리카

계절 : 봄~여름
밑준비 : 세로로 반 잘라서 씨를 빼고 절이세요.

일본된장절임

푹 묵혀서 절인 일본된장절임은 투명한 황갈색으로 물들어 보기만 해도 군침이 돕니다.

Hot To Make

\제철 채소에 일본된장의 감칠맛이 배어들어요/
일본된장절임 만드는 순서

1 밑절임을 한다 (P.44 참조)
무, 당근은 껍질을 벗기고, 용기의 길이에 맞춰 자르세요. 우엉은 데쳐둡니다. 무와 당근에 소금을 문질러 바른 후, 채소절임기에서 밑절임을 하세요.

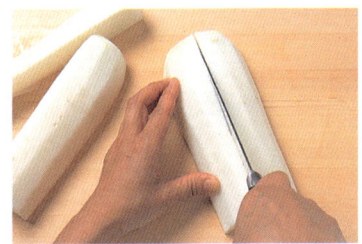
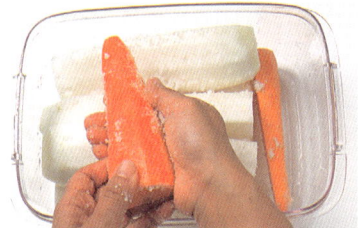

2 절인다 (P.46 참조)
용기에 일본된장을 깔고, 채소를 죽 줄지어 올려놓으세요. 채소 위에도 된장을 칠해 한 달 정도 절여둡니다.

3 2차절임 (P.46 참조)
일본된장을 냄비에 옮겨서 약불로 끓여 된장의 묽기를 조절한 후, 10일 정도 다시 절입니다.

Ingredient
용기
채소절임기
보관용기

재료
무 ·· 큰 것 1개(1.5kg)
당근 ·· 2개(300g)
우엉 ··· 2개
소금 ································· 70g+1/2 큰술
된장 ·· 1kg

Point
채소를 고르는 방법은?
겨울 추위가 더해짐에 따라 채소의 단맛이 증가해서 감칠맛도 깊어집니다. 특히 겨울 무는 싱싱하고 겨울 채소 중에서도 맛이 뛰어나므로 된장절임에 딱 좋답니다.

일본된장 절임의 요령

1. **보통 쓰는 된장으로 충분해요**
   적당한 가격의 된장으로 마음 편하게 만들어보세요. 비싼 된장을 고를 필요는 없어요.
2. **채소에 수분을 남기지 마세요**
   응달에서 잘 말려서 채소에 수분이 남지 않도록 하세요.
3. **된장양념은 자주 체크하세요**
   된장양념은 민감하니까 자주 상태를 체크해야 합니다.

☑ 절이는 시기 연중
☑ 유효기간 3~4개월
☑ 먹을 때 절인 후, 2개월 후부터
☑ 보관장소 냉장고

1 밑절임을 한다

1 밑준비를 한다

무와 당근은 껍질을 벗기고 세로로 반을 잘라 용기의 길이에 맞추세요.

2 소금을 묻힌다

무, 당근 중량의 4%(약 70g)의 소금을 준비해서 문질러 바르고 용기에 채워넣으세요.

3 마중물을 붓는다

마중물 200ml(분량 외, 물 1컵 + 소금 1큰술)를 전체에 뿌려줍니다.

4 밑절임을 한다

뚜껑을 잘 덮고 이틀 정도 밑절임을 하세요. 누름 뚜껑 위까지 물이 올라오면 됩니다.

5 물로 씻으세요

무, 당근을 물로 씻고 소쿠리에 겹치지 않게 올려놓으세요.

6 그늘에서 말리세요

처마 밑 등에 소쿠리를 걸고 하루 정도 응달에서 말려 물기를 없앱니다.

7 우엉을 데친다

우엉은 절이는 날에 맞춰서 밑준비를 하세요. 껍질을 긁어내듯 벗기고 무르지 않게 데칩니다.

8 소금을 바른다

우엉의 물기를 없애고 소금 1/2큰술을 문질러 바릅니다.

\ 알려주세요 /

"된장절임의 비결!"

된장의 종류는?

된장은 대두에 누룩과 소금을 첨가해서 발효한 것입니다.

색으로 구별하면 적된장, 흰된장, 노란빛을 띈 옅은 된장 등 여러 가지 있습니다만, 교토된장 등의 흰 된장은 단맛이 강해서 채소를 절이는 데는 어울리지 않아요.

Q 된장은 어떤 것을 고르면 좋을까요?
A 적당한 가격의 된장을 고르세요.

기본적으로 좋아하는 된장을 사용하면 되지만, 너무 달거나 양념이 들어간 것은 채소절임에는 맞지 않아요.

Q 밑절임용 채소절임기가 없는데 어떻게 하면 좋을까요?
A 용기는 집에 있는 것을 사용해도 됩니다.

채소절임기가 없으면 큰 그릇을 이용하면 됩니다. 채소의 무게 2배 정도의 누름돌을 올려서 2~3일 절이세요.

Q 마중물은 왜 넣는 건가요?
A 빨리 채소를 삭히기 위해서입니다.

당근이나 무는 밑절임할 때 소금을 문질러 바르는 것만으로는 물이 올라오기 어렵답니다. 마중물을 첨가해서 채소가 빨리 삭도록 도와주어야 빨리 절임액이 올라옵니다.

Q 무, 당근은 왜 그늘에서 말려야하나요?
A 말리지 않으면 금세 곰팡이가 생겨요.

채소에 여분의 물기가 남아있으면 곰팡이가 발생하기 쉬워요. 밑절임한 채소는 가볍게 소금을 닦아낸 후, 꼭 그늘에서 말리세요.

Q 우엉은 밑절임을 안 해도 되나요?
A 우엉은 데쳐서 절이세요.

우엉은 밑절임을 안하고 데쳐서 절입니다. 무와 당근의 밑절임이 끝나고 말리는 사이에 우엉의 밑준비를 하세요.

Q 밑절임한 채소를 꼭 물에 씻어야 하나요?
A 소금을 씻어내기 위해서입니다.

밑절임 후에 다시 된장으로 절이기 때문에 채소에 소금이 남아 있으면 너무 짤 수 있습니다. 밑절임이 완료되면 일단 소금을 잘 씻어내세요.

Q 아파트라면 어디서 말리면 좋을까요?
A 햇빛이 닿지 않고 통풍이 잘 되는 장소라면 어디든 괜찮습니다.

아파트에서는 하루 종일 해가 들지 않는 처마가 없는 경우가 대부분이에요. 그럴 경우 해가 들지 않고 통풍이 잘 되는 장소라면 처마 밑이 아니라도 괜찮습니다.

2 절인다

1 채소를 잘 펴놓는다
용기 밑에 된장을 잘 깔고 무를 빈틈없이 펴놓은 후, 그 위에 된장을 바르고 표면을 평평하게 만들어주세요.

2 된장을 바른다
당근, 우엉을 그 위에 잘 늘어놓고 된장을 발라주세요.

3 절인다
표면을 평평하게 만들고 뚜껑을 닫아서 한 달 정도 절이세요.

3 2차 절임

1 된장을 냄비에 옮긴다
절인 후, 한 달이 지나면 된장이 묽어지므로 채소에 붙어 있는 된장을 훑어내어 냄비로 옮기세요.

2 된장을 다시 끓인다
약한 불에서 나무주걱으로 저어가면서 수분을 날리고 원래의 된장 상태가 될 때까지 조절하세요.

3 2차 절임을 한다
용기를 씻어서 물기를 닦아내고 식힌 된장과 채소를 넣어 다시 절이세요.

4 냉장고에서 보관한다
용기 뚜껑을 닫고 냉장고에서 보관하세요. 10일 정도 지나면 먹을 수 있습니다. 한번 먹을 만큼만 꺼내서 채소에 붙은 된장은 훑어내고 드세요.

\알려주세요/
"즉석절임의 비결!"

즉석절임을 즐기는 법

즉석절임으로 즐길만한 것은 오이, 셀러리 외에 두릅, 머위, 죽순 등이 있습니다. 채소는 기본적으로 생으로 절이지만 머위나 죽순은 한번 데쳐서 된장양념에 넣어주세요.

Q 마늘이나 염교도 다른 채소랑 함께 절이고 싶어요.
A 냄새가 강한 것은 따로따로 절여주세요.

향이 강한 것은 별도의 용기에서 절이는 것이 좋아요. 마늘이나 염교는 밑절임을 할 필요가 없고 그대로 된장양념에 넣어두면 맛있게 절여진답니다.

Q 본절임 때는 어디에 보관해두면 좋을까요?
A 냉장고에 보관하세요.

보통은 절여지기까지는 상온에서 보관하지만, 된장절임은 다 절여지기까지 시간이 걸리므로 냉장고에 보관하세요.

Q 그 외에 어떤 채소가 된장절임하기 좋을까요?
A 여러가지 채소로 절일 수 있습니다.

오랜기간 즐길 수 있는 보존절임에 어울리는 것은 무, 당근, 우엉 등이 있습니다. 즉석절임이라면 오이, 셀러리 등 여러 가지 채소를 절일 수 있답니다.

Q 된장절임은 왜 2차 절임이 필요한가요?
A 보존성을 높이기 위해서입니다.

한번 절여서는 채소에 여분의 수분이 남아있기 때문에 된장양념이 묽어져버립니다. 된장은 원래 묽은 편이므로 보존성을 높이기 위해 두 번 절입니다.

Q 된장양념이 질척해졌는데 어떻게하면 좋을까요?
A 된장양념을 끓이세요.

된장양념이 질척해지는 것은 채소에서 수분이 나오기 때문입니다. 그대로 두면 지나치게 발효가 진행되어 곰팡이의 원인이 되므로 끓여주세요. 먼저 채소를 된장양념에서 꺼내고 된장을 잘 훑어냅니다. 법랑냄비에 넣고 나무주걱으로 잘 저어가며 전체가 부글부글 끓어서 원래의 묽기가 될 때까지 끓이세요. 잘 식힌 후, 다시 절입니다.

Q 용기는 어떤 것을 고르면 좋을까요?
A 본절임에 사용하는 것은 소금이나 식초에 강한 재질의 용기가 좋습니다.

밑절임은 채소절임기로 해도 상관없지만 염분이 강하고 장기 보관해야하는 본절임에서는 소금이나 산에 강한 재질을 고르도록 하세요. 조금 얕고 가로로 긴 용기는 길쭉한 채소도 넣기 쉽고 소량의 된장으로 절일 수 있습니다.

Q 된장절임은 언제까지 먹을 수 있나요?
A 가능한 3~4개월 이내에 드세요.

2차 절임을 하고 열흘이 지나면 맛있게 먹을 수 있는 된장절임. 가능한 3~4개월 안에 다 먹는 것이 좋습니다. 특히 우엉은 빨리 먹는 게 좋아요.

Q 된장양념을 장기보관하려면 어떻게 해야하나요?
A 된장양념을 자주 확인해서 빨리 조치하세요.

일주일에 한번은 양념의 상태를 체크해서 곰팡이를 사전에 없애는 것이 최고의 방법입니다. 된장양념이 질척해지거나 맛이 변했다면 된장양념을 끓이세요.

Q 된장양념은 몇 번이고 재사용해도 되나요?
A 재사용할 수 있습니다.

된장양념이 묽어지면 P.46의 요령으로 된장양념을 끓여서 세 번, 네 번 다시 절이면 오랜 기간 된장양념을 사용할 수 있습니다.

Q 된장양념에 하얀 곰팡이같은 것이 생기면 못 먹는 건가요?
A 아쉽지만, 포기하세요.

악취가 나거나, 하얀 곰팡이가 전체적으로 퍼졌다면 아쉽지만 포기하세요. 된장양념에는 곰팡이가 생기기 쉬우므로 자주 체크하는 것이 중요한 포인트예요.

된장절임 응용 레시피

• **다 쓴 된장양념 활용법**
다 쓴 된장양념은 조리용으로 사용하세요. 된장국에 넣어도 좋고, 고기나 생선을 된장에 절여서 조리하면 독특한 풍미와 맛을 즐길 수 있답니다. 고기나 생선은 된장양념에 넣기 전에 소금을 뿌리고 미림과 술에 푼 된장에 하루 이상 절이세요. 하지만 보존용은 아니기 때문에 2~3일 안에 먹는 게 좋습니다.

• **좀더 간단하게 먹을 수 있는 즉석 된장절임**
뚜껑이 있는 용기에 된장을 반 정도 높이까지 채우고 큼지막하게 자른 채소를 그대로 넣어서 냉장고에 넣어두세요. 다음 날부터 즉석 된장절임으로 즐길 수 있답니다. 채소 표면에 칼집을 내면 더 빨리 절여지니 참고하세요. 1~2일 사이에 먹도록 하세요.

술안주로 추천!
마늘 된장절임

재료
마늘 3개
붉은 된장 400g

만드는 법
1 마늘 알을 하나씩 떼어내고 껍질을 벗기세요. (사진1)
2 얇은 껍질도 벗기고 꼭지는 칼로 제거하세요. (사진2)
3 큰 그릇에 마늘과 된장을 넣어 잘 섞은 후, 저장용기로 옮깁니다. (사진3) 뚜껑을 닫아 상온에서 한 달 정도 두면 맛있게 먹을 수 있어요. 다 절여지면 냉장고에 보관하세요.

배추절임

살짝 절이기 때문에 배추의 감칠맛이 입 안 가득 퍼집니다.
조금 만들어 맛있게 먹을 수 있는 '배추 한포기 절임'을 소개합니다.

Hot To Make

옛 맛을 즐기는 본격파
배추절임 만드는 순서

Ingredient
용기
법랑제 용기, 산이나 염분에 강한 보관용기

재료
배추 ·············· 1포기(말린 후의 무게 약 3kg)
소금 ·············· 100g(말린 후의 배추의 무게의 3%)
다시마 ·············· 30cm
붉은 고추 ·············· 3~4개
유자 ·············· 1개

Point
아무 소금이나 사용해도 되나요?
채소절임은 자연소금이라고 불리는 간수가 포함된 굵은 소금을 사용하세요. 굵은 소금은 미네랄을 듬뿍 포함하고 있어서 순하고 깊이 있는 맛을 완성시켜줍니다.

1 밑준비(P.52 참조)
배추는 겉잎을 벗겨내고 6~8쪽으로 가른 후, 씻어서 4~5시간 햇빛에 말립니다.

2 절인다(P.52 참조)
소금을 문질러 바른 배추를 용기에 담고 다시마, 유자, 붉은 고추를 넣습니다.

3 절임물이 올라온다(P.54 참조)
배추 무게 2배의 누름돌을 올려 냉암소에 두고 절임물이 올라오기를 기다립니다.

배추절임 잘 만드는 비결		
	1	**배추는 천천히 햇빛에 말린다** 햇빛에 말리면 배추의 감칠맛과 단맛이 충분히 우러납니다.
	2	**심 부분에 소금을 정성껏 문질러 바른다** 심 부분은 두껍기 때문에 정성껏 소금을 발라두면 빨리 절여집니다.
	3	**누름돌은 말린 후 배추의 2배 무게로** 누름돌은 햇빛에 말린 후의 배추 무게의 2배를 씁니다.

☑ 절이는 시기 11월말~2월
☑ 유효기간 다 절여지고 1주일 정도
☑ 먹을 때 절이기 시작하고 4, 5일 후 부터
☑ 보관장소 냉암소

1 밑준비

1 배추를 가른다
겉잎을 떼어내고 심 부분에 칼집을 넣어서 세로로 6~8조각으로 갈라서 씻으세요.

2 햇빛에 말린다
잘린 부분을 위로 해서 소쿠리에 늘어놓고 4~5시간 햇빛에 말리세요.

2 절인다

1 소금을 바른다
심 부분에 소금을 문질러 바르고 용기에 빈틈없이 넣은 후, 소금을 조금씩 뿌리세요.

2 배추를 채워 넣는다
다시마는 4~5cm 크기로, 유자는 1cm 폭의 반달 모양으로 자르고 붉은 고추는 1/3만 1에 올리세요.

3 윗단도 똑같은 방법으로 한다
다음 단도 같은 방법으로 배추, 소금 조금씩, 남은 다시마, 유자, 빨간 고추를 넣고 누름뚜껑을 덮습니다.

4 누름돌을 올린다
배추 무게 2배의 누름돌을 올리고 냉암소에 두어 절임물이 올라오기를 기다립니다.

Q 배추를 왜 손으로 가르나요?
A 맛이 스며들기 쉽게 하기 위해서입니다.

배추는 심 부분에 칼집을 넣어서 손으로 가르는 것이 좋아요. 그래야 맛이 스며들기 쉽고 소금이 빨리 배추에 침투하기 때문에 절임물이 올라오기 쉽답니다.

Q 어떤 배추를 고르면 좋을까요?
A 탄탄하게 마른 것을 고르세요.

겨울바람이 매서운 11월 말에서 2월 정도의 배추가 가장 좋습니다. 고르는 방법은 품종에 따라 다르지만 특히 탄탄하고 무거운 것, 잎 끝까지 예쁜 연록색인 것을 고르는 게 좋습니다. 표면에 벌레가 먹거나 반점이 있는 것은 피하세요.

Q 여름에 파는 배추도 괜찮을까요?
A 배추절임에는 겨울 배추를 사용하세요.

배추는 겨울이 제철인 채소입니다. 기온이 높은 여름에 절이면 바로 시큼해져버립니다. 겨울에 나오는 꽉 차고 맛이 단 배추로 절이세요.

Q 왜 햇빛에서 말리나요?
A 배추의 감칠맛과 단맛을 끌어내기 위해서입니다.

배추를 담그기 전에 천천히 햇빛에서 말리면 감칠맛과 단맛이 올라옵니다. 햇빛에 말리지 않고 절일 수 있지만 모처럼 마음먹고 하는 것이니까 기왕이면 햇빛에 말려서 절이세요.

Q 소금은 배추의 표면에 묻히면 되나요?
A 심 부분에 확실히 발라 문지른 후, 절이세요.

심 부분은 두껍기 때문에 소금을 많이 문지르지만 잎 부분은 수분도 적고 절이기 쉽기 때문에 용기에 채워 넣고 남은 소금을 위에다 뿌리고 누름돌을 올리세요.

Q 다시마, 붉은 고추, 유자를 넣는 이유는 뭔가요?
A 배추절임의 맛을 내는 비법입니다.

다시마는 맛에 감칠맛을 내고, 붉은 고추는 방부제 효과가 있기 때문에, 그리고 유자는 향을 내기 위해서 넣습니다. 배추절임의 맛은 세 가지 재료를 넣어야 우러납니다. 배추절임의 필수 아이템이지요.

Q 도중에 누름돌이 기울어졌습니다. 그대로 두어도 괜찮을까요?
A 배추를 꺼내서 다시 잘 넣어주세요.

배추에서 수분이 나와 누름돌이 기울어져버리는 경우가 있습니다. 누름돌이 균일하게 힘을 가하지 않으면 절일 때 얼룩이 생기고, 절임물도 올라오지 않게 됩니다. 귀찮아도 소금이 균일하게 스며들도록 배추를 용기에서 꺼내 윗단과 아랫단을 반대로 해서 다시 넣으세요.

Q 다 절여진 후에도 누름돌이 필요한가요?
A 누름돌 무게를 반으로 줄입니다.

다 절여져서 보관할 때는 누름돌의 무게는 절여지기 전의 반으로 줄이세요. 이때 같은 무게의 누름돌을 2개 준비해두면 편리합니다. 또 채소절임기로 옮겨서 보관해도 좋습니다.

3 절임물이 올라온다

1 절임물이 올라온다

절임물이 올라온 상태입니다. 씹는 맛이 일품인 상큼한 얼절이를 즐길 수 있습니다. 다 절여졌다면 일주일 안에 드세요.

Q 절임물이 올라오지 않아요. 어떻게 해야할까요?
A 소금의 양과 누름돌의 무게는 적절한가요?

소금을 배추심 부분에 확실하게 문질러 바르고 용기를 꽉 채우세요. 그 후에 표면을 평평하게 하여 배추의 2배 무게 누름돌을 올려 절이세요.

Q 절임물이 올라오지 않을 때 어떻게 대처하면 좋을까요?
A 배추의 위아래 단을 바꿔보세요.

누름돌의 무게가 적절하다면 소금이 균일하게 돌지 않는 것이 원인일 것입니다. 아랫단은 윗단의 배추의 무게를 받고 자연적으로 절여지는 속도가 빨라지므로 배추를 용기에서 꺼내서 윗단과 아랫단을 바꿔 넣어 절여주세요. 그래도 절임물이 안 올라올 경우는 마중물(물 한 컵에 소금 1큰술 분량)을 넣으세요. 며칠이 지나면 물이 올라올 거예요.

Q 절임물에 거품이 생겼어요. 어떻게 하면 좋을까요?
A 아직 괜찮습니다. 절임물을 다시 끓이세요.

절임물에 거품이 생기는 것은 지나치게 발효가 진행되었다는 것이지만 바로 처리하면 괜찮습니다. 배추를 다른 용기로 옮기고 절임물만 법랑냄비에 넣어 거품을 제거하면서 끓이세요. 꺼낸 배추를 용기에 다시 넣고 완전히 식은 절임물을 부은 후, 누름돌을 올려주세요.

Q 배추절임을 오래 먹고 싶은데 보관 비결이 있나요?
A 진공 팩에 채워서 냉장고에 보관하세요.

가능한 오래 보관하고 싶다면 절여진 배추를 한 포기씩 진공팩에 채워 넣고 냉장고에 보관하세요.

배추로 만드는 응용레시피

배추 속대만 이용한 절임
라빠차이

재료
배추 속대 ········ 1/2 개분(순중량 600g)
소금 ················ 2작은술
붉은 고추 ········ 1개

A
식초 ················ 1/2 컵
설탕 ················ 5큰술
소금 ················ 조금
참기름 ············ 1과 1/2 큰술

만드는 법
1 배추는 속대와 잎으로 나누고 속대만 세로 1cm폭으로 잘라서 큰 그릇에 담습니다.
2 1에 소금을 뿌려서 섞고 누름돌을 하여 1시간 정도 밑절임 합니다.
3 큰 그릇에 A를 넣고 물기를 짠 2를 담아 가벼운 누름돌을 하여 30분 정도 절입니다.
4 작은 냄비에 참기름과 둥글게 썬 붉은 고추를 넣고 천천히 데운 다음 3에 뿌리고 가벼운 누름돌을 하여 1시간 정도 더 절입니다. 냉장고에 보관하고 4~5일 안에 드세요.

보기에도 맛있어 보이는 즉석 채소절임
잘게 썬 배추와 유자절임

재료
배추 ················ 500g
유자 ················ 1/2 개
다시마 ············ 10cm

A
소금 ················ 1/2 큰술
술 ···················· 1큰술

만드는 법
1 배추의 속대 부분은 1.5cm 폭으로 자르고 잎은 비스듬히 썹니다. 유자는 잘 씻어서 껍질을 벗겨 즙을 짜고 씨를 제거합니다. 다시마는 잘게 썰어둡니다.
2 배추 속대에 소금 1작은술(분량외)을 뿌려, 잠시 두었다가 숨이 죽으면 잎, 유자껍질, 다시마를 섞어서 용기로 옮기고 유자즙과 A를 첨가합니다. 전체를 섞고 1kg 정도의 누름돌을 올려서 반나절 절입니다.

갓절임

갓은 톡 쏘는 특유의 풍미가 특징이지요. 아삭아삭한 얼절이와 촉촉하고 풍부한 맛의 장아찌, 두 가지로 만들어 보세요.

Hot To Make

얼절이와 장아찌, 각각의 풍미를 즐긴다
갓절임 만드는 순서

1 밑준비(P.58 참조)
잘 씻은 갓은 통풍이 잘 되는 응달에서 바람에 말립니다.

2 밑절임(P.58 참조)
소금을 잘 문질러 발라 용기에 채워 넣고 소금을 전체적으로 묻힌 후, 누름돌을 올려서 밑절임하세요.

3 본절임(P.60 참조)
용기를 바꿔 넣고, 2에서 생긴 국물을 붓고 붉은 고추와 다시마를 넣어서 본절임을 합니다.

4 장아찌로 만든다(P.62 참조)
본절임을 지속하면 검은빛이 도는 황갈색이 되어 장아찌의 맛을 즐길 수 있습니다.

Ingredient
용기
개수통
채소 절임기

재료
갓 · 2kg
소금 · · · · · · · · · · · · · · · · · · · 80g
다시마 · · · · · · · · · · · · · · · · · 20cm
빨강고추 · · · · · · · · · · · · · · · 4~5개

Point
누름돌의 무게는?
누름돌의 무게는 갓 중량의 2배를 준비합니다. 본절임을 할 때 용기를 바꾸지만, 채소절임기의 나사를 확실하게 조여 두는 것을 잊지 마세요.

갓절임 잘 만드는 비결		
	1	**반드시 바람으로 말리세요** 바람으로 말리는 것은 연하게 만들어 쉽게 절이기 위함만이 아닙니다. 갓 본래의 단맛과 감칠맛을 응축시켜 갓절임을 맛있게 만들기 위해서 하는 것입니다.
	2	**밑절임 중에 위아래를 뒤집는다** 밑절임 때, 전체가 균등하게 절여지지 않으면 본절임을 해도 맛이 골고루 스며들지 않습니다. 전체적으로 연하고 부드럽게 만드는 것이 밑절임의 포인트입니다.
	3	**보관할 때도 누름돌을 올려두세요** 갓절임은 먹을 수 있게 된 후에도 누름돌을 올려서 보관하세요. 누름돌을 올리지 않으면 바로 상하기 시작하므로 주의해야 합니다.

☑ 절이는 시기 12~3월
☑ 유효기간 2개월
☑ 먹을 때 본절임하고 2~3일 후
☑ 보관장소 냉장고

1 밑준비

1 뿌리 부분을 잘 씻는다

뿌리 부분의 흙과 오물을 흐르는 물로 정성껏 씻어냅니다. 다 세척했으면 물기를 잘 털어주세요.

2 바람에 말린다

갓을 소쿠리에 올려놓고 밖에 내놓아 하루 바람에 말립니다. 말린 후에 무게를 재고 중량의 4%의 소금을 준비하세요.

3 뿌리 부분을 두드린다

뿌리의 두꺼운 부분을 나무공이로 가볍게 두드려 으깨어 소금이 잘 스며들기 쉽게 만드세요.

2 밑절임

1 소금을 문질러 바른다

뿌리 쪽에 소금을 문질러 발라 용기에 빈 틈없이 꽉 채워 넣고, 표면에 소금을 뿌립니다.

2 누름돌을 올린다

갓의 표면을 평평하게 해서 누름뚜껑을 덮고 5kg 정도의 누름돌을 올려 하루 그대로 두세요.

3 위아래를 바꿔준다

다음날이 되면 갓의 위아래를 뒤집어 넣고 다시 누름뚜껑과 누름돌을 하여 1~2일 밑절임을 해주세요.

\ 알려주세요 /
"갓절임의 요령!"

절이기 좋은 계절은?

갓은 겨울~초봄이 제철이므로 이 시기가 지나면 구하기 어려워요. 품질 좋은 갓이 출하되는 시기는 산지에 따라서 다르므로 맛있어 보이는 생갓을 발견하면 갓절임에 도전해보세요.

Q 하루를 밖에서 말렸더니 너무 시들어버렸어요.
A 그늘에서 바람에 말려주세요.

햇빛에서 말리면 수분이 너무 빠져서 물이 올라오지 않게 된답니다. 바람이 잘 통하는 응달에서 하루 말리면 충분해요. 이렇게 바람으로 말리면 갓의 감칠맛이 응축됩니다.

Q 소금양을 줄여서 만드는 것도 가능할까요?
A 소금을 줄이면 맛있게 만들어지지 않습니다.

갓은 수분이 적은 채소입니다. 염분을 줄이면 밑절임의 단계에서 물이 올라오지 않아 전체가 제대로 절여지지 않아 맛이 고르지 않거나 딱딱한 부분이 생기는 원인이 됩니다.
또 반대로 소금의 양을 늘리면 짜게 되고 보존 기간이 늘어나는 것은 아닙니다. 소금의 양은 갓 중량의 4%를 꼭 지켜주세요.

Q 갓 외에도 대용할 수 있는 채소가 있나요?
A 갓종류라면 여러 가지 다 쓸 수 있습니다.

히로시마채, 노자와채, 겨자채 등은 모두 갓나물의 친구니까 같은 방법으로 절일 수 있습니다. 각각 매운맛과 풍미에 다른 특징이 있으므로 여러 가지 방법으로 시험해보세요.

Q 갓을 용기에 꽉 채워 넣는 것은 왜인가요?
A 누름돌의 힘이 빈틈없이 가해지도록 하기 위해서입니다.

갓은 잎이 부드러워서 꽉 채우지 않으면 누름돌의 힘이 균일하게 가해지지 않습니다.
밑절임 때뿐아니라 본절임 때도 꽉 채워주세요. 용기에 넣을 때는 갓을 엇갈리게 해서 빈틈없이 나란히 넣어주세요.

Q 물이 올라오지 않습니다. 올라올 때까지 기다려야 하나요?
A 소금과 물을 보충하세요.

물이 올라오지 않는 경우에는 다시 절여야합니다. 갓을 꺼내 줄기 부분에 1큰술 정도 소금을 뿌리고 잘 스며들게 합니다. 물을 1컵 보충하여 하루 절여두면 부피가 줄어듭니다. 이후 본절임을 시작하세요. 더 넣었다고 짜지지는 않습니다.

물이 올라오지 않는 원인은?
· 바람에 너무 말렸다   · 전체적으로 누름돌의 힘이 가해지지 않는다
· 누름돌이 가볍다   · 갓이 용기에 꽉 채워지지 않았다
· 소금이 스며들지 않았다 등

Q 위아래 바꾸는 것을 잊어버렸는데 물이 올라와버렸어요. 본절임으로 진행해도 될까요?
A 전체가 절여졌으면 본절임을 진행하세요.

상하를 바꾸는 것은 전체를 빈틈없이 절여서 맛이 덜 든 부분이나 딱딱한 부분이 없도록 하기 위해서입니다. 전체가 나긋하게 숨이 죽고 물도 올라왔다면 본절임으로 진행해도 괜찮습니다.

Q 밑절임한 상태로 그냥 두었더니 하얀 것이 떠올랐어요.
A 곰팡이가 생겼습니다.

물이 올라온 대로 방치해두면 곰팡이가 생겨버립니다. 밑절임 중에는 수시로 상태를 체크하고 물이 올라오면 바로 본절임을 진행하세요.

3 본절임

1 다른 용기에 옮겨 담는다
물기를 짠 후, 채소절임기로 옮겨 담고 밑절임 때 생긴 국물과 붉은 고추, 5cm 길이로 자른 다시마를 넣은 후, 용기의 나사를 조이세요.

2 얼절이 완성
본절임을 하고 2~3일 지나 맛이 우러나면 얼절이의 맛을 즐길 수 있습니다.

Q 밑절임과 본절임 때, 다른 용기로 바꾸는 것은 왜인가요?

A 냉장하면서 누름돌을 올리기 위해서입니다.

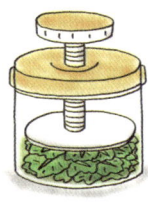

갓은 부피가 있으므로 먼저 바람으로 말려 나긋하게 만들고 밑절임으로 부피를 더 줄인 후, 본절임을 진행해야 합니다. 또 다 먹을 때까지 냉장고에서 보관하지만 맛의 떨어짐을 막기 위해서 누름돌을 올려두어야 하기 때문에 콤팩트한 채소절임기로 옮기는 것입니다.

Q 본절임에서는 소금을 넣지 않나요?

A 밑절임에서 올라온 소금물을 꼭 다시 넣으세요.

본절임할 때 소금을 새로 넣지는 않지만 밑절임에서 올라온 소금물을 본절임 용기에 꼭 다시 넣어주세요. 다시 넣지 않으면 바로 곰팡이가 생기니 주의하세요.

잘못해서 소금물을 버렸다면

새로 소금물을 만들어서 넣으면 본절임을 할 수 있습니다. 밑절임 때 사용한 소금 양의 반을 물 한 컵에 녹여서 넣으세요.

Q 채소절임기가 없을 경우, 본절임은 어떻게 해야 할까요?

A 냉장보관과 누름돌만 있다면 뭐든지 상관없습니다.

옛날에는 하나의 절임용기에서 밑절임부터 본절임까지 했습니다. 그렇기 때문에 냉장보관만 확실하게 가능하다면 채소절임기가 아니라 보통 절임용기에 누름돌을 올린 상태도 상관없습니다. 그럴 경우에는 누름돌을 밑절임할 때와 같이 갓절임의 배로 올려주세요.

절임용기의 소재는?

밑절임은 기간이 짧아서 스테인리스 용기라도 괜찮습니다. 단 밑절임에서 본절임까지 같은 용기에서 할 경우에는 기간이 길어지니까 염분에 강한 용기를 사용하세요.

\알려주세요/
"갓절임의 요령!"

신맛의 가감은 절이는 시간으로 조절

갓은 절이는 기간에 따라 얼절이와 장아찌, 두 가지 맛을 다 즐길 수 있는 절임입니다. 오래 절여서 장아찌로 되면 발효가 진행되고, 그만큼 신맛과 독특한 풍미가 늘어납니다. 발효되어 시큼한 맛이 싫은 분은 얼절이 기간에 드세요.

Q 2주일 정도 되니 투명한 검은빛이 되었어요. 빨리 먹어야 하나요?

A 가능한 빨리 드세요.

색이 변화가 빠르다는 것은 그만큼 발효가 빨리 진행되고 있다는 것입니다. 그대로 두면 점점 시큼해지고 상하는 것도 그만큼 빨라지기 때문에 가능한 빨리 먹는 것이 좋아요.

Q 냉장고에 넣는 것을 잊어버려 곰팡이가 생겼어요.

A 손질을 하면 괜찮습니다.

본절임 중에 곰팡이가 발생했을 경우에는 아래의 순서로 조치해주세요.

1 용기에서 갓과 국물을 꺼냅니다. 국물은 전부 냄비로 옮겨 담으세요.

2 국물을 끓이세요. 거품을 전부 걷어내고 불을 끈 후, 식힙니다.

3 잘 씻어서 소독한 용기에 식힌 국물과 갓을 다시 넣고 냉장고에 보관하세요.

Q 매운 맛이 몹시 강해졌습니다. 실패한 것인가요?

A 갓 품종에 따라서 매운 맛이 다릅니다.

매운 것을 싫어한다면 산지에 따라 갓을 고르세요.

Q 2~3일 지났는데도 맛이 우러나지 않아요

A 소금이 전체적으로 퍼지지 않은 것은 아닌가요?

본절임을 진행하기 전, 갓의 상태는 전체적으로 부드럽게 되어 있었나요? 줄기를 두드려서 소금이 잘 스며들게 하고, 밑절임 중에 위아래를 바꿔놓는 등 공정을 소홀히 하면 전체가 균일하게 절여지지 않아 만들어졌을 때 맛이 고르지 않답니다. 만드는 과정을 한번 재점검해보세요.

4 장아찌로 만든다

반드시 냉장고에!
보관할 때는 반드시 냉장고에 넣어서 보관하세요. 그러면 절여지고 나서 1~2개월은 맛있게 먹을 수 있어요.

1 장아찌로 만든다

채소절임기에 넣어 냉장고에 보관해두면 장아찌로 맛볼 수 있습니다.

Q 냉장고에 넣을 타이밍은 언제인가요?
A 색이 변하기 시작하면 넣으세요.

본절임하고 1주일 정도는 얼절이로 먹을 수 있습니다. 일주일이 지나서 갓절임이 투명한 검은색으로 변해가면 냉장고에 넣으라는 신호입니다.

Q 냉장고에 보관했는데 절임물이 탁해지기 시작했어요.
A 발효가 진행되는 것입니다.

날씨가 따뜻해지면 거품이 생기고 절임물이 탁해지기도 합니다. 곰팡이는 아니니까 먹을 수는 있지만 발효가 진행되면 신맛도 강해지기 때문에 요리에 넣거나 볶아서 가능한 빨리 먹는 게 좋겠어요.

Q 투명한 검은색으로 변하지 않는데 보관 기간도 길어질까요?
A 보관 기간은 그대로입니다.

색은 어디까지나 기준입니다. 색이 변하지 않아도 먹어보면 조금씩 신맛이 늘어납니다. 길게 보존할 수 있는 것이 아니므로 냉장보관하고 1~2개월 내에 먹어야합니다.

Q 하얀 것이 뜨기 시작했어요. 무엇인가요?
A 곰팡이가 생긴 것입니다.

보관 중 발생한 곰팡이는 처리를 한다 해도 먹을 수 없습니다. 갓절임의 유효기간은 약 2개월입니다. 곰팡이가 생기기 전에 먹도록 하세요.

▶ 갓절임 응용레시피 ◀

볶기
돼지고기나 베이컨과 같이 볶으면 볼륨감있는 반찬으로 대변신. 장아찌의 신맛이 느껴지지 않아 맛있게 먹을 수 있어요.

무침
소금으로 가볍게 숨을 죽인 채소와 무치는 것도 OK! 갓 특유의 냄새와 풍미가 악센트가 됩니다.

밥과 함께
갓을 잘 펴서 주먹밥을 싸먹는 메하리즈시나 갓볶음밥 등 갓은 밥과 잘 어울리는 음식입니다.

큐슈의 특산품과 함께
구마모토의 채소절임 갓은 돈코츠 라면에 올려서 먹거나 명란젓과 볶는 등 큐슈의 특산품과도 잘 어울려요.

잘게 썬 갓을 밥과 함께 먹어요
잘게 썬 갓절임 깨무침

재료
갓절임 ················· 적당량
갓절임 속에 있는 붉은고추 · 1개
볶은 깨 ················· 적당량

만드는 법
1 갓절임은 먹을 만큼만 덜어 살짝 물기를 짜고 잘게 썰어주세요.
2 볶은 깨를 1에 뿌려 용기에 담으세요.
3 붉은 고추도 씨를 빼고 둥글게 잘라서 2에 뿌리세요.

장아찌의 소박한 맛이 포인트
순무 갓절임 무침

재료
갓절임 ················· 적당량
순무 ··················· 3개
소금 ··················· 1큰술

만드는 법
1 순무는 껍질을 벗기고 6~8개의 부채꼴로 자르고 소금을 골고루 뿌려 숨을 죽입니다.
2 갓절임은 잘게 썰어줍니다. 1의 순무의 물기를 짜고 갓절임과 무쳐줍니다.

염교절임

아삭아삭한 식감이 매력인 염교절임. 보통 락교라고 많이 부르지요.
식초절임을 중심으로 누구나 실패없이 만들 수 있는 비결을 소개합니다.

Hot To Make

소금절임 후, 단초에 절이는 손쉬운 레시피
염교절임(단초) 만드는 순서

1 밑준비 (P.66 참조)
가볍게 물로 씻어서 물기를 없앤 후, 얇은 껍질은 벗기고 잔뿌리와 싹눈을 잘라냅니다.

2 밑절임 (P.66 참조)
용기에 염교를 넣어 소금을 뿌린 후, 물을 붓습니다. 누름돌을 올려서 5~6일 절입니다.

3 절인다 (P.68 참조)
용기에 절여진 염교를 넣은 후, 식은 절임물을 부어서 절입니다.

Ingredient
용기
법랑 용기, 유리병 등 산과 염분에 강한 것

재료
염교	1kg
굵은 소금	50g

A
식초	300ml
물	100ml
설탕	1컵

Point
사용할 식초는?
일반적으로 조리할 때 사용하는 식초로 충분합니다. 마음에 드는 식초를 사용해서 자신만의 맛에 도전해보세요.

염교절임 잘 만드는 비결

1. **염교는 흙이 붙어있는 신선한 것을 고르세요.**
   신선도가 떨어지는 염교를 사용하면 아삭아삭한 절임을 만들 수 없어요. 싱싱한 제철 염교를 고르세요.
2. **샀으면 바로 밑준비**
   염교는 방치하면 바로 싹이 틉니다. 구입한 날이 절이는 날입니다.
3. **밑준비하는 방법에 주의한다**
   아삭아삭하게 만들려면 가능한 수분을 흡수하지 않도록 하는 것이 중요합니다.

✓ 절이는 시기 5~6월
✓ 유효기간 1년
✓ 먹을 때 3개월 후부터
✓ 보관장소 냉암소 또는 냉장고

1 밑준비

1 물로 씻어낸다
염교는 흙이 붙어있는 것을 구입하고 재빨리 물로 씻으세요.

2 물기를 없앤다
물로 씻어낸 염교를 채반에 올리고 물기를 완전히 없앱니다.

3 껍질을 벗긴다
얇은 껍질을 벗깁니다. 시들었거나 더러워진 껍질도 벗기세요.

4 자른다
잔뿌리와 싹눈을 자릅니다. 너무 짧게 자르지 않도록 조심하세요.

2 밑절임

1 소금을 뿌다
밑준비를 마친 염교를 용기에 넣고 소금을 뿌려 골고루 배도록 합니다.

2 마중물을 뿌린다
마중물 200ml(분량외 물 1컵 + 소금 1큰술)를 뿌립니다.

3 밑절임을 한다
누름뚜껑을 덮고 1kg의 누름돌을 올려 5~6일 절이세요.

Q 염교를 고르는 포인트는?
A 모양이 바르고 흙이 붙어있는 것을 선택하세요.

염교는 5~6월에 출하되는 것으로 잘 숙성되고 모양이 동그랗고 단단하며 싹이 나오지 않는 것이라면 OK. 무엇보다 흙이 붙어있는 것을 고르세요.

Q 슈퍼에 갔더니 세척한 염교만 파는데 괜찮을까요?
A 가능하면 흙이 붙어있는 것을 찾아보세요.

세척해서 파는 염교는 물이 스며든 것이 많아 상처가 생기기 쉽고 식감이 떨어질 수 있어요. 가능하면 흙이 붙어 있는 것을 고르세요.

Q 아삭아삭한 식감을 내기 위해서는 어떻게 하면 좋을까요?
A 밑준비에 포인트가 있습니다.

1 샀으면 바로 밑준비를 시작하세요.
흙이 붙어있는 염교는 싹이 나기 쉬우므로 샀다면 바로 그날 절이세요. 선도가 떨어진 염교는 싱싱한 느낌이 덜하고 절였을 때 물컹한 식감이에요.

2 첨벙첨벙 재빨리 씻어내세요.
염교는 물이 들어가면 물컹해져버리기 때문에 절였을 때 아삭아삭한 맛이 없어집니다. 가능한 물을 흡수하지 않도록 재빨리 씻으세요. 씻은 염교의 물기를 완전히 없애는 것도 중요합니다.

3 싹, 뿌리 부분을 너무 자르지 마세요.
싹눈, 뿌리 부분을 자를 때에도 주의가 필요해요. 너무 짧게 자르면 맛이 너무 스며들어서 아삭거리지 않습니다.

Q 밑절임하고 어떤 상태가 되면 물이 올라왔다고 할 수 있나요?
A 소금이 녹은 투명한 물이 용기바닥에 고여 있다면 OK!

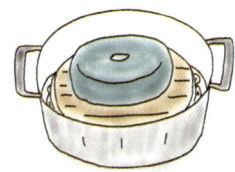

염교절임은 배추절임처럼 많은 물이 올라오지 않습니다. 물에 소금이 완전히 녹아서 용기 바닥에 투명한 물이 고여 있는 상태가 물이 올라온 것입니다.

Q 밑절임이 끝난 염교를 소금절임으로 먹을 수 있나요?
A 밑절임 후, 4~5일 지나면 먹을 수 있습니다.

밑절임 후 4~5일 두면 소금절임이 됩니다. 염교소금절임은 절인 후, 1주일 정도부터 맛있게 먹을 수 있지만 상온에 15일 이상 두면 발효가 많이 될 수 있습니다. 꼭 냉장고에 보관하세요.

Q 밑절임 없이 염교절임을 만들 수 있나요?
A 직접 단초에 담그는 방법이 있습니다.

밑준비가 끝나면 염교를 병에 넣은 후, 소량의 소금을 넣고 끓인 후 식힌 단초를 부어서 보관하세요. 밑절임을 하지 않아 염분을 줄일 수 있습니다.

소금절임으로 즐기는 법
씻어서 소금기를 없앤 그대로 먹어도 좋고, 얇게 썰어 얼음을 깐 접시에 올리면 세련된 술안주가 됩니다. 오래 두면 씹는 맛이 떨어지므로 한 달 안에 다 먹는 것이 좋아요.

3 절인다

1 용기를 흔든다

밑절임 중에는 물이 빨리 올라오도록, 하루에 한번은 용기를 흔들어 위아래를 섞어주세요.

2 보관용기에 옮겨 담는다

물이 올라온 상태입니다. 염교를 채반에 펼쳐서 물기를 없애고 보관용기로 옮겨 담으세요.

3 절임물을 붓는다

법랑냄비에 A(P.65 재료 참조)를 넣어 끓이고 붉은 고추를 넣습니다. 절임물이 식으면 보관용기에 붓습니다.

4 절인다

3개월 정도 절이면 아삭아삭하고 맛있는 단초절임을 즐길 수 있습니다.

Q 밑절임 중인데 절임물에 거품이 생겼어요. 어떻게 하면 좋을까요?

A 용기를 지나치게 흔든 것은 아닌가요?

빨리 물이 올라오도록 용기를 흔드는 것이지만 지나치게 흔들면 거품이 생길 수 있어요. 이것은 발효 정도와는 관계가 없으니 거품이 사라질 때까지 조금 그대로 두면 됩니다.

포인트

거품이 안 없어지고 절임물이 탁해진다면 발효가 너무 진행된 상태일지도 모릅니다. 그럴 땐 절임물을 법랑냄비에 넣어 끓이고 나오는 거품은 거둬내세요. 거품이 하나도 안 나오면 잘 씻어서 말린 용기에 염교와 함께 용기에 옮겨 담아 주세요.

Q 염교 절임초의 이용법을 알려주세요

A 조미료로 사용하세요.

탕수육 소스에 섞는 조미료나 드레싱 등 염교의 풍미를 즐기는 단초로 쓰세요.

Q 절임물로 다시 한번 염교를 절일 수 있나요?

A 절일 수 있습니다.

다음 해에는 염교 절임초에 설탕과 식초를 보충한 후, 끓여서 쓰세요. 염교 절임초에는 이미 소금이 들어있으니까 다음 해엔 밑절임용 소금을 조금만 넣는 것이 좋겠지요.

Q 염교보다 식초양이 적어서 전부 잠기지 않는데 그대로 놔둬도 될까요?

A 완전히 절임물에 잠겨야 합니다.

절임물 위로 얼굴을 내밀고 있는 염교는 곰팡이가 생기기 쉽습니다. 염교가 전부 잠길 수 있도록 작고 평평한 접시 등으로 가벼운 누름돌을 올리면 좋겠지요. 한번 곰팡이가 생기면 조치를 해도 다시 곰팡이가 생기기 쉬워집니다. 그러므로 절이는 동안, 보관할 때도 자주 체크하세요.

Q 염교가 너무 매운데 왜일까요?

A 작게 자른 고추를 사용한 건 아닌가요?

고추는 작게 자를수록 매운 맛이 커집니다. 고추는 씨 주변 안쪽 부분에 강한 매운 맛이 있으므로 자르지 말고 통째로 사용하세요. 작게 자른 것을 사용할 때는 양을 줄이세요.

Q 절임물을 붓는 타이밍은 뜨거울 때? 아니면 식혀서?

A 둘 다 상관없습니다.

이 레시피는 식힌 절임물을 붓는 것이지만 절임물이 뜨거울 때 염교에 붓는다면 빨리 절여집니다. 식은 절임물로 만든 경우에는 절임이 완성되기까지 3개월 정도 걸리지만, 뜨거운 절임 경우에는 약 1개월 후부터 먹을 수 있어요.

포인트

뜨거운 절임물을 부으면 염교에 투명감이 생깁니다. 맛이 변하는 것이 아니지만 하얀 염교 절임이 좋은 분은 절임물을 차갑게 식혀서 부어주세요.

알려주세요

"염교절임의 요령!"

곰팡이의 원인은?

염교에 곰팡이가 발생하는 원인은 몇 가지로 생각할 수 있습니다. 씻을 때 장시간 물에 담그지 않았다면? 염교가 물을 흡수해서 물컹해지기 쉽습니다. 또 밑준비 때 씻은 염교의 물기를 잘 닦지 않았는지, 혹은 보관 온도가 너무 높지 않았는지 등입니다.

Q 염교가 연두색으로 변색되었습니다. 먹을 수 없는 것인가요?

A 먹을 수 있습니다. 맛도 괜찮아요.

염교 중에는 절여지면 연두색으로 변색되는 것이 가끔 있습니다. 그것은 곰팡이가 아니라 염교 자체가 원인입니다. 절여지기 전에는 알 수 없으므로 미리 피할 수는 없겠지요. 하지만 맛에 변화는 없으므로 충분히 먹을 수 있습니다.

Q 염교에 곰팡이가 생겼습니다. 손질을 하면 아직 먹을 수 있을까요?

A 속상하지만 포기하세요.

단초만 탁해진 것이 아니라 염교가 물컹해지고 곰팡이가 생겼다면 아쉽지만 버려야합니다. 보관 상태를 자주자주 체크하여 다음엔 실패하지 않도록 다시 도전해보세요.

Q 절이는 동안 단초가 탁해졌습니다. 괜찮을까요?

A 아직 괜찮습니다. 바로 조치하세요.

절이는 동안 단초가 탁해지는 것은 자주 있는 일입니다. 염교에 아직 씹히는 맛이 남아있다면 단초를 법랑 냄비에 넣어서 끓인 후, 잘 식히세요. 그 후, 깨끗하게 씻어서 말린 보관용기에 염교를 다시 넣고 절이면 됩니다.

단초 끓이기 → 식힌 후 붓기

Q 염교절임에 유효기한은 있습니까?

A 보관상태가 좋으면 1년 정도는 가능합니다.

보관상태가 좋다면 1년 정도는 아삭아삭한 식감을 즐길 수 있습니다. 1년 안에 먹을 수 있을 만큼만 만드는 것이 맛있게 먹는 비결입니다. 매년 제철 염교로 단초절임을 즐기세요.

염교절임 응용레시피

매운맛과 산뜻함이 인기의 비결
염교 소금절임

재료
염교 ················· 실중량 300g
굵은 소금 ················· 20g
붉은 고추 ················· 1개
물 ················· 약 100ml

☑ 먹을 때 1주일부터 1개월
☑ 보관장소 냉장고

만드는 법
1 P.66의 밑준비 후, 염교를 큰 그릇에 넣고 소금을 뿌려 골고루 문지르듯이 바른다.
2 1의 염교를 보관용기에 옮기고 붉은 고추를 넣고 물을 붓는다.
3 가끔 용기 전체를 흔들어 소금이 잘 녹도록 하여 1주일 정도 절인다.

술안주로 최고
염교 초간장 절임

재료
염교 ················· 실중량 300g

A
간장 ················· 100ml
식초 ················· 100ml
미림 ················· 3 큰술

☑ 먹을 때 1주일에서 2~3개월
☑ 보관장소 냉장고

만드는 법
1 P.66의 밑준비를 마친 후, A의 재료를 섞어 절임물을 만듭니다.
2 보관용기에 염교를 넣고 A의 절임물을 붓습니다.

풍부한 맛의 된장절임에 도전
염교 일본된장절임

재료
염교 ················· 실중량 300g

A
일본된장 ················· 300g
미림 ················· 2큰술
술 ················· 2큰술

☑ 먹을 때 10일 후부터 2~3개월
☑ 보관장소 냉장고

만드는 법
1 P.66의 밑준비를 마친 후, A를 큰 그릇에서 섞어 된장양념을 만듭니다.
2 1에 염교를 넣어 된장 양념을 골고루 바르고 보관 용기에 옮겨 담습니다.

단무지절임

일본 대표 절임식품인 단무지절임. 말린 무를 쌀겨와 소금으로 절이는 옛날부터 내려오는 절임식품입니다. 소박한 맛과 아삭한 식감을 즐겨보세요.

Hot To Make

\ 바람에 말린 후, 절여서 완성 /
단무지절임 만드는 순서

1 바람에 말리기 (P.74 참조)
말린 무에 끈을 걸어서 C자 모양으로 구부러질 때까지 바람에 말리세요. 2~3일이 기준입니다.

2 용기에 채워 넣는다 (P.74 참조)
용기에 쌀겨와 굵은 설탕, 소금을 섞은 것을 넣고 그 위에 무를 채웁니다.

3 절인다 (P.76 참조)
누름돌을 올리고 용기의 뚜껑을 닫아 한 달 정도 기다립니다. 물이 올라오면 먹을 수 있습니다.

Ingredient
용기
법랑 용기

재료
말린 무 ···················· 2개(약 6kg)
(6kg은 추가로 말리고 잎을 제거한 후의 무게입니다)

A
굵은 소금 ···················· 350g
생 쌀겨 ···················· 1kg
굵은 설탕 ···················· 1컵

B
사과 껍질, 감 껍질, 귤껍질을 말린 것 약 100g
다시마 ···················· 40cm
빨간 고추 ···················· 6~7개

Point
언제 완성되나요?
물이 올라오면 먹을 수 있지만 확인이 중요합니다. 단무지절임은 물이 올라왔다는 것을 알기 어렵고, 실제로 물이 나오는 것은 아닙니다. 쌀겨가 축축해진 것을 물이 올라왔다고 하니 자주 체크하세요.

단무지절임 잘 만드는 비결

1. **맑은 날 바람에 말리세요**
   단무지절임은 겨울에 만드는 절임식품이죠. 너무 추울 때 바람에 말리면 얼어 버리는 경우도 있습니다. 날씨가 좋은 날을 골라서 바람에 말리세요.

2. **C모양으로 구부러질 때까지 말린다**
   바람말림을 시작하고 2~3일 후를 기준으로 거둬들입니다. 무가 C자 모양으로 구부러질 때가 거둬들일 시점입니다.

3. **과일 껍질을 넣는다**
   단무지 절임에 과일 껍질을 넣으면 단맛과 향이 더해져서 맛있게 완성됩니다. 사과, 감, 귤 등 겨울철에 구하기 쉬운 과일의 껍질을 넣으세요.

☑ 절이는 시기 11월 하순~12월 중순
☑ 유효기간 한달
☑ 먹을 때 쌀겨가 눅눅해지면
☑ 보관장소 냉암소 or 냉장고

※ 단무지용 무, 혹은 무우라고도 합니다. 굵기가 가늘고 길며, 색깔이 연해 흰 것이 특징입니다.

1 바람에 말리기

1 바람에 말린다
말린 무를 2개씩 모아서 잎의 밑동부분을 끈으로 묶어 바람말리기 준비를 합니다.

2 2~3일을 기준으로 한다
장대에 반으로 나눠걸고 2~3일 바람말림(추가 말림)합니다. 무가 C자 모양으로 구부러질 정도가 되면 거둬들입니다.

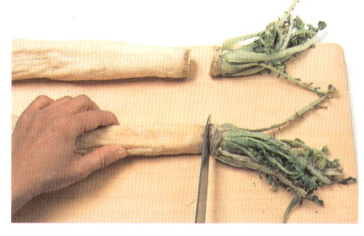

3 무청을 잘라낸다
무청을 잘라서 떼어냅니다. 그 후, 무의 무게를 재고 소금의 양(무 중량의 약 6%)을 정합니다.

2 용기에 채워 넣는다

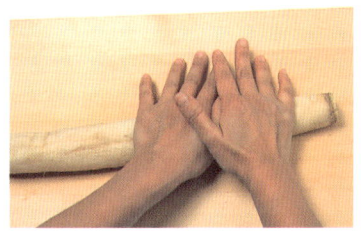

1 껍질을 손바닥으로 문지른다
손바닥을 사용해 무 겉의 딱딱한 부분을 문질러서 껍질을 부드럽게 만들어주세요.

2 쌀겨를 넣는다
쌀겨에 소금과 굵은 설탕을 섞은 후, 법랑 용기 아래에 소량을 깝니다.

3 무를 채워 넣는다
용기를 따라서 빈틈없이 채웁니다. 무를 작게 잘라서 채워도 괜찮습니다.

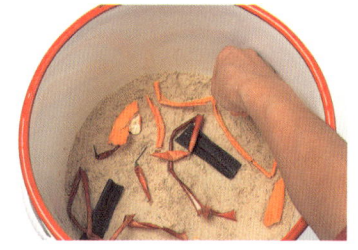

4 재료를 겹쳐서 채워 넣는다
무를 채웠으면 쌀겨로 덮고 그 위에 B(P.73 재료 참조)를 뿌립니다. 그 위에 다시 무를 겹쳐 넣습니다.

Q 말린 무는 집에서 직접 무를 말려서 만드는 것인가요?
A 말려져 있는 말린 무를 구입합니다.

11월 하순에서 12월 하순에 걸쳐서 슈퍼나 채소가게에서 단무지용으로 말린 무가 출하됩니다. 보통 무엔 수분이 많아서 직접 말리기 어려우므로 말린 무를 구입하는 게 좋습니다.

* 일본의 경우 단무지용 무를 슈퍼 등에서 판매하지만, 우리나라의 경우 재배농장에서 직접 판매하는 경우가 대부분이다.

Q 말린 무가 얼어버렸어요. 계속해도 될까요?
A 식감이 변하므로 권하지 않습니다.

한번 얼었던 말린 무는 푸석푸석해지기 때문에 절임을 만들 때는 권하지 않습니다. 11~12월에 작업을 하므로 추운날이 많이지겠지만, 일기예보를 자주 체크해서 맑은 날이 계속되는 날에 바람으로 말리세요. 단무지 절임을 만들 땐 날씨를 선택하는 것도 중요한 부분입니다.

Q 말린 무를 조금만 나눠서 구입하는 것은 가능한가요?
A 한 묶음씩 파는 것이 기본입니다.

슈퍼나 채소가게에서는 말린 무를 한 묶음(7~8개 정도)으로 팔고 있습니다. 가족이 적다면 너무 양이 많지요. 즉석 깍두기나 무말랭이절임 등, 단무지절임 이외의 요리에 사용하거나 친구와 나누어도 좋아요.

Q 추가 말림의 기준을 알려주세요
A C자 모양으로 구부러지면 말림 완성

무를 구부렸을 때, C자로 구부러질 정도가 되면 잘 마른 것입니다. 보통은 2~3일이 기준입니다.

Q 과일껍질은 무엇을 사용하면 좋을까요?
A 어느 집에나 있는 과일을 사용하세요.

귤, 사과, 감 등 겨울철에 잘 먹는 과일 껍질을 사용하세요. 색을 위해 치자를 넣기도 하고 감 껍질을 넣어도 단무지가 예쁜 색으로 완성된답니다.

Q 단무지절임에 왜 과일 껍질을 넣나요?
A 색이 예쁘게 들고 단맛과 향이 더해집니다.

말려서 건조시킨 과일껍질을 넣으면 단무지에 단맛과 과일향이 더해집니다. 감 껍질은 단무지에 적당한 자연의 색으로 물들여 주는 효과가 있습니다.

껍질을 잘 씻어서 말린 무와 함께 매달아 말리세요. 바람말림을 할 때 같이 말리면 됩니다. 과일을 먹을 때마다 껍질을 말려서 모아두는 것도 효율적이겠지요.

Q 말린 무가 용기에 들어가지 않습니다. 어떻게 하면 좋을까요?
A 작게 잘라서 넣어도 괜찮습니다.

가지고 있는 용기에 맞춰 절이기 쉬운 크기로 잘라서 절여도 괜찮습니다.
잘라서 넣으면 맛이 빨리 스며드니까 절여지는 시간도 조금 단축됩니다. 소량이라면 채소 절임기에 절여도 좋습니다.

Q 굵은 설탕이 없는데 백설탕을 사용해도 괜찮을까요?
A 집에 있는 것을 써도 됩니다.

굵은 설탕은 천천히 녹기 때문에 말린 무에 맛이 침투하기 쉬우므로 옛날부터 단무지절임을 만들 때 썼습니다.
하지만 일반 가정에는 굵은 설탕이 없는 경우가 많으므로 집에 있는 백설탕이나 그래뉴당을 쓰면 됩니다.

3 절인다

1 무청을 맨 위에 올린다
무→A→B(p.73 재료 참조)의 순서를 반복한 후, 맨 위에 무청을 올리고 평평하게 합니다.

2 20일 이상 절인다
누름 뚜껑을 하고 10kg 정도의 누름돌을 올립니다. 신문지로 덮어서 20일 이상 절입니다.

3 쌀겨가 축축해진다
한 달 가까이 지나면 쌀겨가 축축해지므로 무청을 꺼내세요.

4 완성
단무지 절임 완성. 염분을 줄였으므로 한 달 안에 먹는 것이 좋습니다.

Q 절일 때 누름돌이 없으면 안 되나요?
A 균일한 무게를 줄 수 있는 것이라면 어느 것이나 쓸 수 있어요.

단무지절임 6kg을 만드는데 10kg의 누름돌이 필요합니다. 페트병에 물을 넣거나, 덤벨을 올리는 등 무게가 균일하게 가해지는 것이라면 어느 것이든 사용할 수 있어요.

Q 절이고 한달 정도 지났는데도 물이 올라오지 않아요.
A 바람말리기를 너무 많이 했을지도 모릅니다.

단무지절임을 만들 때 물이 올라온다는 것은 쌀겨가 축축해진다는 것을 말합니다. 만약 축축해지지 않는다면 단무지를 일단 꺼내 한 개를 3~4 등분한 후, 다시 절여보세요. 그때 쌀겨가 말라 있으면 물을 조금 넣어도 됩니다.

Q 완성되기까지는 어디에 보관하면 좋을까요?
A 냉암소에 보관하세요.

집 안에 냉암소가 없는 분도 많을 것입니다. 냉암소가 없을 경우에는 바깥에서 보관하는 것이 좋습니다. 난방이 된 따뜻한 실내에서 보관하면 쌀겨의 발효가 빨라져서 시큼해지기 쉬우니 가능하면 피하세요.

Q 어떻게 보관하면 좋을까요?
A 한 개씩 싸서 냉장보관합니다.

잘라서 랩으로 싸주세요. 맛이 빠지는 것을 막기 위해 소량의 쌀겨를 발라두세요. 단무지절임은 냄새가 강하므로 랩으로 싼 후, 보관 용기에 넣는 등의 밀폐대책이 필요합니다.

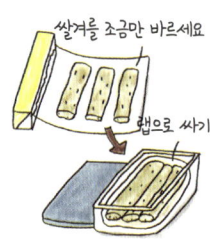

단무지절임 응용레시피

말린 무가 남았을 때
무말랭이절임

재료
- 말린 무 ·············· 1개(500g)
- 다시마 ·············· 10cm
- A
- 식초 ·············· 1/2컵
- 미림 ·············· 3큰술
- 간장 ·············· 3큰술

만드는 법
1 말린 무는 젖은 행주로 닦고 길이 4cm, 폭 3mm로 썰어주세요.
2 다시마는 물에 담가 부드럽게 만든 후, 먹기 좋은 길이로 채썰기하세요.
3 큰 그릇에 1과 2를 넣은 후, A를 뿌려 전체를 재빨리 섞어서 평평한 접시와 가벼운 누름돌을 해서 2시간 이상 절이세요.
4 절임물과 함께 뚜껑이 있는 용기로 옮겨서 냉장고에 보관합니다.

단무지절임이 메인요리로 변신!
단무지절임과 돼지고기 볶음

재료
- 돼지고기 얇게 썬것 ·········· 200g
- A
- 생강 간 것 ·············· 1조각분
- 간장 ·············· 1과 1/2큰술
- 술 ·············· 1큰술
- 단무지절임(머리쪽 단단한 부분)1/2개
- 파란 차조기 ·············· 4장
- 식용류 ·············· 1큰술
- 술 ·············· 1큰술
- 간장 ·············· 1큰술

만드는 법
1 돼지고기는 1.5cm 폭으로 잘라서 A의 재료에 담가 10분 둔다.
2 단무지 절임은 은행잎 썰기한다. 파란 차조기잎은 세로로 채썬다.
3 프라이팬에 식용류를 넣어 가열하고 물기를 없앤 돼지고기를 볶다가 단무지절임을 넣어 볶으며 술, 간장으로 맛을 낸다.
4 파란 차조기를 풀어 넣으며 재빨리 섞는다.

주먹밥 속이나 오차즈케 건더기로 딱!
가쿠야

재료
- 단무지절임 ·············· 1/3개
- 다시마(단무지절임과 함께 절인 것)또는 쌀겨절임의 다시마 ·········· 5cm
- 차조기 열매의 소금절임 ·········· 1큰술
- 볶은 참깨 ·············· 1큰술

만드는 법
1 단무지절임은 쌀겨를 훑어내고 재빨리 씻어내어 물기를 짜고 너무 잘지 않게 썬다. 다시마도 같은 방법으로 썬다.
2 차조기 열매 소금절임은 물에 담가서 소금기를 빼고 물기를 제거한다.
3 1, 2와 볶은 참깨를 잘 섞어 그릇에 올리고 참깨를 뿌린다.

우메보시 (매실절임)

선명한 빨강색과 차조기의 풍미가 뛰어난 우메보시. 정성을 다해 만든 홈메이드 우메보시에는 매실의 진정한 맛이 응축되어 있습니다. 즐거운 마음으로 맛있는 우메보시를 만들어보세요.

Hot To Make

우메보시 만드는 순서
철저한 소독과 매실 고르기가 중요

Ingredient
용기
법랑 용기

재료
[우메보시]
완숙매실 ························· 2kg
굵은 소금 ························· 300g
소주(화이트 리카) ············· 100ml

[붉은 차조기 절임]
매실 2kg일 때
붉은 차조기 ······················ 2묶음
굵은 소금 ··················· 2~3큰술

Point
소독은 왜 하나요?
용기의 소독은 알코올로 하세요. 소독용 알코올인 에탄올 등을 사용하면 좋아요. 곰팡이의 원인이 되니까 철저하게 소독하세요.

1 밑준비(P.80 참조)
도구를 소독하고 흠과 반점을 선별해서 매실을 고릅니다. 그 후, 매실의 꼭지를 떼어주세요.

2 밑절임(P.82 참조)
매실을 굵은 소금으로 절입니다. 매일 아침저녁으로 골고루 흔들어줍니다.

3 붉은 차조기절임(P.84 참조)
붉은 차조기는 한장 한장씩 떼서 떫은 맛 빼기를 2번 실시합니다. 그 다음에 매실과 섞습니다.

3 토왕말림(삼복말림, P.86 참조)
매실은 날씨가 좋은 날을 선택해서 토왕말림(햇빛에 쬐고 바람에 쬠)을 하세요. 그리고 한번 더 절여주면 완성입니다.

우메보시 잘 만드는 비결

1 **매실 선별과 용기 소독을 철저하게 한다.**
법랑 용기 등 도구는 알코올로 소독합니다. 상처나 반점 있는 매실은 곰팡이의 원인이 되니까 절이기 전에 빼두세요.

2 **매일 아침저녁으로 흔들어주세요.**
매실에 소금이 잘 섞여야 매실초가 빨리 완성됩니다. 매일 아침저녁으로 1번씩 꼭 흔들어주세요. 맛있는 우메보시 완성을 위해 빼놓을 수 없는 과정입니다.

3 **맑은 날에 토왕말림을 하세요.**
비를 맞으면 고생한 작업이 다 소용없어집니다. 맑은 날, 낮엔 토왕말림을 하고, 밤에는 실내에 들여놓으세요.

☑ 절이는 시기 6월
☑ 유효기간 6개월~2년
☑ 먹을 때 절이고 반년~1년 후
☑ 보관장소 냉암소 or 냉장고

1 밑준비

1 완숙매실을 고른다
매실은 완전히 익어 황색을 띠는 오동통한 것을 고릅니다. 약간 빨간색이 도는 것이 이상적입니다.

2 떫은 맛을 뺀다
매실을 물에 씻고 물에 2~3시간 담가놓습니다. 이렇게 하면 매실의 떫은 맛이 빠지고 씨가 잘 떨어지게 됩니다.

3 용기를 소독한다
우메보시를 만들 때 사용하는 도구와 용기류를 알코올 소독합니다. 용기, 누름뚜껑, 누름돌은 햇빛에서 말립니다.

  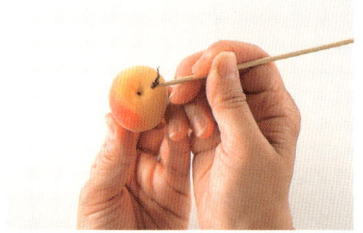

4 물기를 뺀다
채반에 매실을 올려서 물기를 빼세요. 채반 아래에 큰 그릇을 두고 하면 좋겠지요.

5 매실의 표면을 닦는다
깨끗한 수건으로 매실의 물기를 닦으세요. 수건이 젖으면 다른 수건으로 교환하세요.

6 대나무꼬치로 꼭지를 딴다
매실 꼭지를 대나무꼬치를 이용해서 떼어냅니다. 상처가 생기지 않도록 조심하세요.

> 알려주세요

"우메보시 만들기의 요령!"

매실의 선별을 꼼꼼하게 하세요

우메보시를 만들 때는 황색의 숙성매실을 고릅니다. 완숙매실이라면 어떤 품종이든 쓸 수 있습니다.

Q 청매실로 우메보시를 만들 수 있나요?
A 만들 수 없습니다. 완숙매실을 구입하세요.

청매실은 매실주 등에는 사용할 수 있지만 우메보시를 만드는 것은 불가능합니다. 우메보시를 만들 땐 완숙매실을 구입하세요.

Q 완숙매실은 어디에서 구입할 수 있나요?
A 오프라인 가게나 인터넷으로 구입할 수 있어요.

완숙매실은 전체적으로 황색을 띠고 통통한 것을 고르세요. 흠이나 반점이 있는 것은 제외하세요.

Q 흠이나 반점이 있는 매실을 그대로 쓰면 어떻게 되나요?
A 곰팡이의 원인이 됩니다.

매실에 흠이 있으면 곰팡이의 원인이 됩니다. 흠이나 반점이 있는 것은 쓰지 않기로 마음 먹으세요. 잘못하면 다시 만들어야 할 수도 있으니 처음부터 빼고 만드세요.

Q 용기와 도구를 소독할 땐 무엇으로 하나요?
A 소독용 알코올을 사용하세요.

곰팡이가 생기지 않게 하기 위해 우메보시를 만들 때는 소독을 철저하게 해야합니다. 매실에 닿는 것은 모두 알코올로 소독해서 사용하세요. 용기, 채반, 큰그릇, 누름돌, 누름뚜껑, 대나무꼬치나 젓가락, 행주까지 확실하게 소독하세요. 채반이나 누름뚜껑 등은 소독하고 나서 햇빛에 말리세요.

Q 물에 담그는 것은 무슨 의미가 있나요?
A 떫은맛을 빼주고 씨가 잘 빠지게 도와줍니다.

물에 담가두면 매실의 떫은맛이 빠집니다. 또 씨가 잘 빠지게 도와줍니다. 그러니 반드시 담가주세요. 단 절이기 전에 물기를 제거하는 것은 필수입니다.

Q 물을 뺀 후, 왜 수건으로 물기를 닦나요?
A 우메보시 만들기는 위생이 제일 중요해요.

물에서 건진 후, 체에 올려 물기가 빠졌다면 맨손으로는 만지지 마세요. 청결한 수건으로 매실의 남은 물기를 부드럽게 닦으세요.

Q 꼭지를 딸 때 흠이 생긴 매실은 버리는 것이 좋을까요?
A 대나무꼬치로 찌른 작은 흠이라면 그대로 사용하세요.

매실 꼭지를 대나무꼬치나 이쑤시개로 제거하다보면 흠이 생길 수 있습니다. 작은 구멍 정도의 흠이라면 그대로 작업을 계속해도 됩니다.

2 밑절임

1 굵은 소금을 넣는다
굵은 소금을 한 줌 집어 법랑용기 바닥에 균일하게 뿌립니다.

2 매실과 굵은 소금을 넣는다
매실을 넣고, 그 위에 굵은 소금을 빈틈없이 뿌립니다. 이 순서를 반복합니다.

3 굵은 소금을 뿌린다
매실을 전부 넣었다면 남아있는 굵은 소금을 모두 뿌립니다.

4 소주를 부어줍니다
3에 소주를 전체적으로 돌리듯이 부어줍니다. 소주를 넣으면 소금과 매실이 서로 잘 엉깁니다.

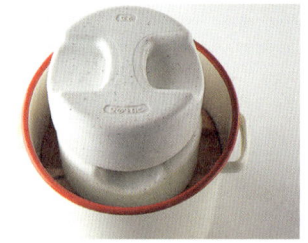

5 누름돌을 올린다
누름 뚜껑을 덮고 그 위에 2kg의 누름돌 2개를 올립니다.

6 용기에 뚜껑을 덮어 보관
용기에 종이를 씌운다. 붉은 차조기를 절일 때까지 냉암소에 두세요.

7 용기를 흔든다
다음 날부터 아침저녁으로 한 번씩 용기를 위아래로 흔드세요. 매실초가 빨리 올라오도록 전체적으로 돌려주며 흔듭니다.

8 절임물이 올라온다
4~5일 지나서 절임물이 올라오면 누름돌을 1개로 줄입니다. 이 절임물을 '백매초'라고 합니다.

Q 우메보시에는 굵은 소금을 써야만 하나요?
A 매실에 쉽게 엉기고 잘 녹는 굵은 소금이 좋습니다.

매실에 단단히 엉겨 붙는 굵은 소금은 입자가 성글고 촉촉하기 때문에 쉽게 녹아 매실초가 빨리 완성됩니다. 또한 간수성분을 포함하고 있어서 부드러운 우메보시를 만들 수 있습니다.

Q 소주 냄새가 싫습니다. 술냄새가 나지 않을까요?
A 소량이므로 괜찮습니다.

소주는 소금을 빨리 녹이고 소독의 효과도 있어 사용합니다. 조금만 넣는데다 절여지는 동안 알코올 향이 날아가기 때문에 술냄새는 걱정하지 않아도 됩니다.

Q 소금 뿌리기 → 매실 올리기를 꼭 반복해야 하나요?
A 마지막에 소금을 뿌려도 괜찮습니다.

처음 단계에서 매실과 굵은 소금의 밸런스를 맞추는 것이 좋지만 마지막에 굵은 소금을 전체적으로 뿌려도 괜찮습니다. 마지막으로 흔들어주므로 그때 매실과 소금이 엉기기 때문입니다.

Q 우메보시 만들 때, 알코올 도수는 관계가 없나요?
A 일본 소주(white liquor)가 좋습니다.

소주의 도수는 살균작용과 관계가 있습니다. 적당한 것은 매실주를 만들 때도 쓰는 일본 소주입니다.

Q 누름돌 고르는 법을 알려주세요
A 산에 강한 도자기로 만든 절임 전용 누름돌이 이상적입니다.

누름돌은 절이는 매실의 2배 중량이 필요합니다. 2kg의 우메보시를 절일 때, 4kg의 누름돌을 준비해야 하는데 매실초가 올라오면 무게를 반으로 줄여야합니다. 그러므로 2kg의 누름돌을 2개 준비해두면 편리합니다.

Q 다른데에 사용할 수 있나요?
A 요리에 이용할 수 있습니다.

백매초(소금에 절인 매실에서 나온 즙)는 매실의 성분이 듬뿍 담겨있습니다. 곰팡이 처리나 절임물 보충에 귀중하게 쓰이지요. 또 채소절임이나 초무침, 나물 등에 넣으면 조금 넣는 것만으로 향이 좋아집니다.

Q 용기를 덮을 때 큰 종이로 해야만 하나요?
A 수건으로 덮어도 됩니다.

우메보시를 만들 때는 누름돌이 무겁고 높이도 있기 때문에 붙어있는 뚜껑을 닫을 수 없습니다. 종이같은 것으로 싸서 뚜껑을 대신하는 이유는 매실의 달콤한 향에 이끌려 벌레가 들어가는 것을 방지하기 위해서입니다. 수건 등을 씌우는 것도 상관없습니다.

Q 흔들기는 꼭 해야만 하나요?
A 밑절임에서 빼놓을 수 없는 일입니다.

흔들기는 매실과 소금이 서로 엉기도록 돕고 맛이 배게 하기 위해서 하는 것입니다. 반드시 아침저녁으로 한 번씩 흔들어 주세요. 완숙매실은 3일만 흔들면 매실초가 올라옵니다.

3 붉은 차조기 절임

1 붉은 차조기를 뜯는다
붉은 차조기는 잎을 1장씩 뜯습니다.

2 붉은 차조기를 씻는다
큰 그릇에 물을 가득 넣고 붉은 차조기를 잘 씻습니다.

3 손으로 주무른다
물기를 털고 손으로 꽉 누르면서 붉은 차조기의 숨을 죽이세요.

4 굵은 소금을 뿌린다
굵은 소금 반(약 1큰술)을 붉은 차조기에 뿌립니다.

5 세게 문지른다
까맣고 탁한 거품을 내기 위해 강하게 잡고 박박 문지릅니다.

6 거품을 없앤다
붉은 차조기를 꼭 짭니다. 거품 국물은 버리세요.

7 소금을 넣어서 짠다
큰 그릇을 씻은 후, 물기를 닦습니다. 붉은 차조기를 다시 넣고 남은 소금을 뿌리세요.

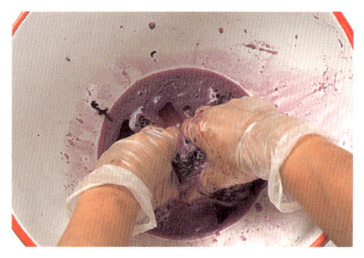

8 거품을 전부 빼내세요
붉은 차조기를 풀어주면서 소금이 배이도록 합니다. 더욱 잘 주물러서 거품이 나오면 버립니다.

9 백매초를 뿌린다
큰 그릇에 잘 짠 차조기를 넣고 백매초를 뿌려서 잎이 풀리게 합니다.

10 붉은 차조기를 올려 놓는다
백매초가 빨갛게 물들면 매실 위를 덮듯이 붉은 차조기를 올려줍니다.

11 매실초를 뿌린다
남은 매실초도 매실 위에 뿌려줍니다.

12 냉암소에서 보관한다
누름뚜껑 대신 평평한 유리접시를 올리고 토왕말림 때까지 냉암소에서 보관합니다.

Q 붉은 차조기 고르는 법을 알려주세요.
A 잎이 쭈글거리는 것을 고르세요.

붉은 차조기는 잎이 작고 쭈글쭈글한 것이 특징입니다. 잘 오그라져있고 잎의 양면이 자홍색으로 물들어 있는 흠이 없는 것을 고르세요.

Q 붉은 차조기의 거품빼기는 맨손으로 하는 건가요?
A 항균 장갑을 사용하세요.

붉은 차조기를 주무르면 손이 새빨갛게 물듭니다. 며칠 동안 색이 빠지지 않을 수 있으므로 얇은 의료용 위생장갑을 사용하면 편리합니다.

Q 붉은 차조기 잎은 한 장 한 장 따야만 하나요?
A 자루 부분을 남기고 정성껏 땁니다.

자루 부분이 들어가면 식감이 좋지 않으니 귀찮아도 한 장 한 장 떼세요. 뿌리 부분은 흙이 묻어있으니까 잘 씻어서 물기를 빼고 거품빼기 작업에 들어갑니다.

Q 붉은 차조기에서 나온 즙의 색이 너무 예뻐요. 이것도 거품인가요?
A 색이 예뻐도 거품입니다.

두번째 거품 제거 작업을 할 때 나온 즙은 색이 무척 예쁘지만 그것도 거품이므로 즙을 남기지 말고 버리세요.

Q 나무로 된 누름뚜껑을 써도 괜찮을까요?
A 가능하면 평평한 유리접시를 쓰세요.

나무뚜껑은 맛있는 매실초를 흡수하고, 물이 들어 새빨갛게 변합니다. 가능하면 평평한 유리접시를 사용하세요.

Q 우메보시에는 꼭 차조기를 넣어야만 하나요?
A 차조기를 넣지 않는 간토보시도 있습니다.

붉은 차조기를 넣지 않고 만드는 '간토보시'는 담백한 색의 우메보시로 완성됩니다. 붉은 차조기는 항균작용과 풍미를 더해주는 역할을 하지만 취향에 따라 넣지 않아도 됩니다.

4 토왕 말림

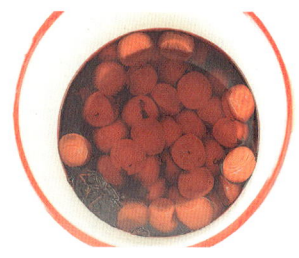

1 매실의 상태를 살핀다
토왕 때(7월 중순쯤)가 되면 붉은 차조기를 넣은 매실은 붉은 빛으로 선명하게 물들어 있습니다.

2 소쿠리에 매실을 늘어 놓는다
소쿠리 아래에 큰 그릇을 받쳐두고 매실이 겹치지 않게 소쿠리 위에 한 개씩 늘어놓습니다.

3 붉은 차조기의 즙을 짠다
주걱을 사용해서 붉은 차조기의 수분을 짜고 매실과 함께 소쿠리에 펼쳐놓습니다.

4 토왕 말림을 한다
소쿠리의 3곳을 끈으로 묶고 햇볕이 잘 드는 곳에 매달아주세요. 밤에는 집 안으로 들여놓으세요.

5 매실을 건조시킨다
매실의 표면이 마르면 하얗게 됩니다. 그때 긴 나무젓가락으로 뒤집어 주세요.

6 적매초에 햇빛을 쪼인다
토왕말림 3일째 적매초를 햇빛에 쪼이세요.

7 매실을 건조시킨다
주름이 많이 생기며 매실이 완전히 마른 상태. 붙어있는 하얀 가루는 소금의 결정입니다.

8 매실을 매실초에 넣는다
매실이 따뜻할 때 붉은 매실초에 넣습니다. 긴젓가락으로 매실을 넣어 잡균 번식을 방지하세요.

9 용기를 흔든다
매실초가 매실 전체에 스며들도록 용기를 돌리며 흔드세요.

10 완성
평평한 유리접시를 올려놓습니다. 용기에 뚜껑을 덮어 냉암소에 보관하도록 하세요. 절이고 나서 10일 정도 지나면 먹을 수 있습니다.

Q 붉은 차조기절임을 넣은 후, 며칠 정도 지나서 토왕말림을 하면 좋을까요?

A 붉은 차조기절임을 넣은 후, 한 달이 일반적입니다.

매실은 6월부터 만들기 시작해서 붉은 차조기와 섞은 후, 한 달 정도 지나면 매실에 맛이 배고 딱 장마도 시작됩니다. 그 후에 말리는 것을 토왕말림이라고 합니다.

그러니까 붉은 차조기절임을 넣고 한 달 후가 토왕말림을 할 때가 되는 것입니다. 곰팡이만 조심하면 한 달 이상 지나도 문제 없습니다.

Q 토왕 말림은 며칠 정도 하면 좋을까요?

A 3일을 기준으로 하세요.

햇빛이 닿는 곳에서 말리지 않으면 매실이 건조되지 않으므로 미리 일기예보의 날씨, 기온을 알아보세요.

맑은 날이 3일간 계속되는 때를 골라서 토왕말림을 시작하세요.

Q 하루종일 말리면 빠를 것 같은데 밤에 말려도 괜찮나요?

A 비가 올 수도 있으니 밤에는 실내에 넣어두세요.

맘먹고 정성을 다해 만든 우메보시잖아요. 밤에 말리는 사이에 혹시 밤이슬이나 소낙비가 내리면 이제까지의 고생이 말짱 도루묵이 되어버려요. 밤에도 말리고 싶은 그 마음을 꾹 누르고 토왕말림은 낮에만 하세요.

Q 저염 우메보시 만드는 법을 알려주세요.

A 우메보시 만들기와 같습니다.

저염 우메보시는 염분을 10%로 줄입니다. 소금의 분량 이외는 보통 우메보시 만들기와 같은 방법으로 만들면 됩니다. 토왕말림 후, 10일 정도 되면 먹을 수 있습니다. 염분이 적은 만큼 빨리 먹도록 하세요.

Q 적매초는 버려도 되나요?

A 요리의 풍미를 높이는 데 쓸 수 있어요.

적매초는 병에 담아 보관하세요. 풍미가 좋은 적매초는 초무침이나 절임, 무침, 샐러드 등에 이용할 수 있습니다. 매실과 차조기의 향이 식욕을 증진시켜 줍니다.

Q 완성된 우메보시는 어떻게 보관하는 것이 좋을까요?

A 냉암소가 없는 경우에는 냉장고에 보관하세요.

가정에 냉암소가 없는 경우에는 냉장보관 해주세요. 조금씩 나눠 담아 냉장고에 넣어 두는 것이 좋겠지요. 매실은 곰팡이가 생기기 쉬우니까 맨손으로 꺼내지 말고 긴 젓가락을 사용해서 옮기세요.

소매실(小梅) 아삭 절임

자꾸만 손이 가는 소매실 아삭절임.
그 사랑스런 모양과 아삭한 식감에 빠져버린 사람도 많지요.
맛있는 소매실 아삭절임을 만들어보세요.

Ingredient
용기
법랑 용기

재료
소매실	1kg
굵은 소금	100g
소주	50ml
달걀껍질	1개분

※붉은 차조기를 넣을 경우
붉은 차조기	1다발
소금	1큰술

Point
소독은?
용기와 도구류는 전부 알코올 등으로 소독해서 사용합니다. 소매실 아삭절임도 우메보시만들 때와 소독방법은 같습니다. 철저히 지켜주세요.

☑ 절이는 시기 6월 초순
☑ 유효기간 6개월
☑ 먹을 때 절이고 나서 1주일 후
☑ 보관장소 냉장고

소매실 아삭 절임 잘 만드는 비결

1. **소독을 철저하게 하자**
   소매실 아삭 절임도 우메보시와 마찬가지로 소독이 중요합니다. 도구는 알코올로 닦고 흠이나 반점이 있는 것은 반드시 제거하세요.

2. **덜 익은 청매를 고른다**
   아삭한 식감이 중요하기 때문에 아직 덜 익은 청매를 사용합니다. 그중에는 물렁한 것도 있을 수 있으니 손으로 만져 단단한지 확인하고 구입하세요.

3. **매일 흔드는 걸 잊지 않는다**
   맛을 전체적으로 균일하게 전달하기 위해서 반드시 흔들어 줘야 합니다. 아침저녁 2번이 좋지만 하루에 한 번은 잊지 말고 꼭 흔들어주세요.

1 밑준비~절이기

1 떫은 맛을 뺀다
소매실을 물로 씻고 1시간 정도 물에 담가 떫은 맛을 뺍니다.

2 물기를 닦아낸다
1을 소쿠리에 올려서 물을 빼고 깨끗한 행주로 물기를 닦아내세요.

3 대나무꼬치로 꼭지를 딴다
대나무꼬치로 소매실의 꼭지를 땁니다. 흠이 나지 않게 주의하세요.

4 소금을 뿌린다
용기에 소금을 조금 뿌리고 소매실을 넣은 후, 한번 더 소금을 뿌립니다. 이것을 반복합니다.

5 남은 소금을 넣는다
마지막으로 남은 소금을 뿌립니다.

6 소주를 붓는다
소주를 용기 전체에 돌려주듯이 붓습니다.

2 절이기~완성

 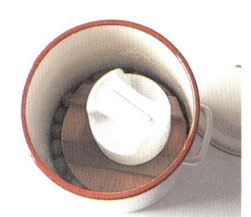  

1 용기를 흔든다
소금과 소주가 빈틈없이 매실에 엉기도록 용기를 흔들어 위아래 섞어줍니다.

2 절인다
2kg의 누름돌을 올려서 4~5일간 절입니다. 이 기간에도 하루에 한번은 용기를 흔들어주세요.

3 매실초가 올라온다
매실초가 올라온 상태. 알아보기 어려우니 용기를 기울여 봐도 괜찮습니다.

4 완성
반은 우메보시와 같은 방법으로 거품을 뺀 붉은 차조기를 넣어서 예쁜 색으로 만들어보세요.

Q 소매실도 완숙 매실을 사용하는 것이 좋을까요?
A 소매실은 덜 익고 단단한 것을 고르세요.

씹는 맛이 중요한 매실절임이므로 너무 익었거나 선도가 떨어지는 것은 피하세요. 파랗고 단단한 것을 고르세요. 사진은 남고 매실의 소매실로 과육이 단단한데도 빨간빛이 도는 것이 특징입니다.

Q 완성되면 어떻게 보관하면 좋을까요?
A 열탕소독한 병에 넣는 것이 가장 좋습니다.

백매초를 따르고 열탕소독한 병에 조금씩 나눠서 담아 냉장고에서 보관해주세요. 상온에서 보관하면 매실이 물러지기 때문에 반드시 냉장고에 넣어서 보관해주세요. 완성된 후, 1년 이내에 먹는 것이 좋아요.

》 소매실 아삭절임 응용레시피 《

어쩌다보니 너무 많이 만들어버린 소매실 아삭절임.
다 먹기 힘들면 맛있는 피클로 만들어 보세요.

소매실 피클

※사진은 청매를 사용해서 만든 피클입니다.

재료

피클액
식초	200ml
설탕	150g
빨간고추	2개
월계수잎	2장
통후추	1작은술
백매초	전량

(소매실 아삭절임을 만들 때 생긴 것)

만드는 법

1 피클액 재료. 왼쪽 위에서부터 붉은 고추, 통후추, 월계수잎, 식초, 설탕, 백매초를 준비합니다.
2 법랑 냄비에 옮겨담은 백매초에 식초와 설탕을 첨가하여 끓이고 불을 끈 후, 재료를 넣습니다. 섞어서 식힌 후, 소매실 아삭절임 위에 부으면 완성입니다. 절이고 4~5일 지나면 맛있게 먹을 수 있습니다.

· 우메보시 곰팡이문제 대처법 ·

우메보시 만들기의 천적이라 해도 좋은 것이 곰팡이. 곰팡이가 생기지 않도록 신경을 써도 생길 때가 있습니다.
도움이 되는 곰팡이 대처법을 상황별로 정리했습니다.

매실 일부분에 생긴 곰팡이에는

매실초가 올라오지 않거나, 뚜껑이 너무 작은 것이 원인으로 꼽힙니다. 먼저 곰팡이가 생긴 매실을 골라서 빼내고 용기에 매실초를 부어주세요.
곰팡이가 생긴 매실은 뜨거운 물로 헹궈서 곰팡이를 제거합니다. 이때 매실 껍질이 벗겨지지 않았으면 햇빛에 반나절 정도 말립니다. 그 후에 다시 용기에 넣어주세요.

매실초 표면에 생긴 곰팡이에는

백매초가 올라오기까지 자주 체크해주면 이런 일이 생기지 않지만, 잠깐 기간이 벌어지면 작은 곰팡이가 생기는 일이 있습니다. 매실에 이상이 없다면 매실초에 뜬 곰팡이를 떠내면 됩니다. 작은 곰팡이가 생기면 바로 거둬내세요.

붉은 차조기에 생긴 곰팡이에는

누름 뚜껑이 너무 작으면 붉은 차조기가 뚜껑 사이로 빠져나와서 매실초에 잠기지 않게 됩니다. 잠기지 않은 부분이 곰팡이의 원인이 되는 것이죠.
발견하면 누름돌을 올린 상태로 청결한 긴 나무젓가락으로 제거해주세요. 누름 뚜껑의 크기도 용기보다 한층 정도 작은 것으로 바꿔주세요.

보관 중에 생긴 곰팡이에는

저염 우메보시 보관 중에 자주 생기는 곰팡이. 먼저 청결한 긴 나무젓가락을 사용해서 우메보시를 한 개씩 꺼내 조금이라도 곰팡이가 생긴 매실은 전부 처분합니다. 곰팡이가 생기지 않은 우메보시는 소독을 끝낸 새로운 용기에 옮겨 담아서 냉장고에서 보관하세요.

매실 표면전체에 생긴 곰팡이에는

매실 표면 전체에 생긴 곰팡이는 완숙매실을 사용하지 않은 것이 원인입니다. 매실초가 잘 안 올라와서 초에 담기지 못했기 때문에 곰팡이가 생기는 것이죠.
이 경우에는 매실초를 처분하고 매실을 뜨거운 물로 씻어낸 후, 껍질이 벗겨지지 않은 것만 반일 동안 햇빛에 말려서 남아있는 매실초를 부어 다시 만드세요. 도구와 용기소독도 잊지 마세요.

곰팡이가 생기지 않는 포인트

1 용기와 도구류는 항상 청결하게 관리한다.
2 누름뚜껑은 용기보다 한층 작은 것을 선택한다.
3 자주 체크해서 곰팡이를 미연에 방지한다.

청매실 설탕절임

새콤함과 고급스런 단맛이 산뜻한 설탕절임도 인기 품목. 청매실 그대로의 맛도 즐길 수 있지만, 시럽으로도 맛있게 먹을 수 있답니다.

Ingredient

용기
법랑 용기

재료
청매 1kg
설탕 700g

Point

절이는 법은?
청매를 금속망치로 두드려서 두 조각으로 나누고 설탕을 섞어주세요. 시럽이 올라오면 매실을 꺼내고 시럽만을 끓여서 거품을 제거합니다. 완전히 열이 식으면 다시 매실에 붓습니다.

청매 설탕절임 잘 만드는 비결

1. **덜 익은 청매실을 고른다**
   청매실은 설탕절임에 적당한 재료입니다. 형태가 바르고 흠집이나 반점이 없는 청매를 사용해서 설탕절임을 만들어보세요.

2. **떫은 맛을 뺀 후, 물기를 완전히 닦는다**
   물에 1시간 정도 담가서 떫은맛을 뺐다면 깨끗한 수건으로 물기를 닦아내세요. 이것이 맛있게 만드는 비결입니다.

3. **시럽을 끓여서 거품을 뺀다**
   청매실과 시럽을 분리해서 마지막에 시럽을 끓여주세요. 거품은 깔끔하게 제거하세요. 너무 조려지지 않도록 주의하세요.

☑ 절이는 시기 6월 초순
☑ 유효기간 6개월
☑ 먹을 때 절이고 한 달 후
☑ 보관장소 냉장고

1 밑준비부터 절이기까지

1 떫은 맛을 제거한다
청매실이 잠길 정도의 넉넉한 물에 1~2시간 담갔다가 물기를 뺍니다.

2 청매실을 두들겨서 둘로 나눈다
꼭지를 따고 나무주걱을 대고 망치로 깹니다. 씨는 없애도 되고 그냥 두어도 상관없어요.

3 매실과 설탕을 섞는다
매실을 설탕 속에 넣고 잘 섞습니다. 잠시 그대로 뒀다가 몇 번 더 섞어줍니다.

4 실온에서 하루 둔다
용기의 뚜껑을 덮고 실온에서 하루 둡니다. 매실에서 수분이 나와 설탕이 녹아서 매실에 스며듭니다.

5 매실과 시럽을 분리한다
매실을 체에 받쳐서 시럽과 분리합니다. 매실은 법랑용기에 다시 넣습니다.

6 냄비를 불에 올린다
5에서 큰 그릇에 담은 시럽을 별도의 법랑 냄비에 옮겨서 불에 올립니다.

7 끓인다
시럽을 끓여서 거품을 제거합니다. 너무 조려지지 않도록 조심하세요.

8 완성
식은 시럽을 매실에 넣으면 완성

Q 아삭한 식감과 부드러운 식감의 2종류를 만들고 싶은데 만드는 법의 차이는 무엇인가요?
A 청매의 선택에 따라 달라집니다.

아삭한 설탕절임은 청매를 구입할 때 단단한 것을 고르도록 하세요. 부드러운 설탕절임을 좋아하면 부드러운 청매를 선택하면 된답니다.

Q 청매를 절였더니 표면에 거품이 나왔습니다. 이대로 괜찮은가요?
A 거품이 생겼다면 발효가 진행되고 있습니다.

발효가 시작되었기 때문에 그대로 두면 맛이 없어집니다. 바로 시럽과 매실을 분리하고 시럽은 끓인 후, 식혀서 다시 부어 냉장고에서 보관하세요.

Q 얼음설탕말고 정백당과 그래뉴당으로도 매실주를 만들 수 있나요?
A 얼음설탕이 가장 좋습니다.

매실주는 얼음설탕, 매실, 소주를 천천히 숙성시켜서 만드는 술이므로 얼음설탕을 쓰는 것이 가장 좋습니다. 정백당이나 그래뉴당을 쓰면 매실에서 엑기스가 천천히 나오는데 소주와 설탕이 먼저 녹아버립니다.

Q 담근 매실은 언제 빼내면 될까요?
A 담그고 1년 후에 제거하세요.

매실주는 1년 내내, 매실의 엑기스가 나오므로 1년 후에 꺼내도록 하세요. 1년이 지나면 반대로 매실이 감칠맛을 빨아들입니다. 술을 다시 채워가면 10년~15년은 보관할 수 있습니다.

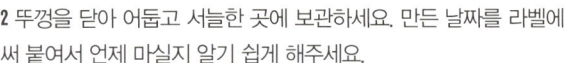

▶ 청매실을 사용한 응용레시피 ◀

매실 엑기스가 응축된
매실주

재료
청매 ······················· 1kg
얼음설탕 ··············· 700g
소주 ····················· 1.8ℓ

만드는 법
1 소독한 보관용기에 물기를 닦은 매실과 얼음설탕을 번갈아가며 넣어주세요. 빈틈없이 균형을 잡으며 넣어줍니다. 다 넣었으면 소주를 천천히 붓습니다.
2 뚜껑을 닫아 어둡고 서늘한 곳에 보관하세요. 만든 날짜를 라벨에 써 붙여서 언제 마실지 알기 쉽게 해주세요.
3 담그고 1주일 지난 상태(사진 왼쪽). 얼음설탕이 녹아서 매실이 떠오릅니다.
4 한 달이 지나, 얼음설탕이 완전히 녹으면 약간 호박색으로 변합니다. 떠오른 매실이 가라앉으면 마실 때입니다.

쉽게 맛보기 힘든
믹스주

재료
청매 ······················ 300g
비파 ······················ 200g
레몬 ······················· 1개
얼음설탕 ··············· 300g
소주 ····················· 700ml

만드는 법
1 청매실 준비는 매실주 만들기를 참조. 비파는 씻어서 물기를 빼서 닦아두고, 레몬은 껍질을 벗겨 5mm 두께로 둥글게 썰어주세요. 얼음설탕과 과일류를 번갈아 넣습니다.
2 소주를 조심스레 붓습니다.
3 뚜껑을 확실히 잠가 어둡고 서늘한 장소에서 보관합니다. 얼음설탕이 녹아서 과일류가 위로 올라옵니다. 담근 후, 6개월 정도 지나면 마실 때입니다.

일본 슬로푸드를 대표하는

일본 전국 채소절임 지도

일본에는 각 지방의 특색을 반영한 수많은 채소절임이 있습니다.
채소절임은 일본 슬로푸드를 대표하는 음식입니다.

이시카와 石川
카브라즈시

순무로 방어를 싸고 누룩으로 절인 것. 무척 호화로운 절임입니다.

야마가타 山形
가지 누룩절임

작은 가지나 둥근 가지를 누룩에 절인 것. 적당한 단맛과 매운맛의 조화가 성숙한 느낌을 줍니다.

홋카이도 北海道
마쯔마에 절임

마른오징어와 다시마를 간장절임한 마쯔마에 절임. 정월 요리로도 유명합니다.

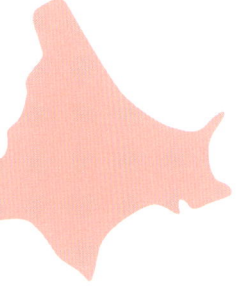

도쿄 東京
벳타라즈케

겨울무를 쌀누룩으로 절인 벳타라즈케. 씹는 맛과 고급스런 단맛이 자랑입니다.

도쿄 東京
후쿠진즈케

카레 반찬으로 익숙한 절임. 도쿄의 우에노가 발상지입니다.

가나가와 神奈川
벚꽃절임

겹벚나무의 꽃잎을 소금에 절여 사쿠라유(벚꽃차)로 마시거나 무와 같이 절여서 즐깁니다.

와카야마 和歌山
유채꽃 소금절임

봄의 식물, 유채꽃을 간단한 소금절임으로 만든 것. 선명한 연둣빛이 너무나 산뜻합니다.

시즈오카 静岡
와사비즈케

시즈오카의 명산품으로 겨자와 술지게미를 잘 섞어서 만든 절임식품입니다.

교토 京都
시바즈케

색이 아름다운 교토의 절임식품. 적시소와 적매실초로 간단하게 만들 수 있습니다.

오키나와 沖縄
고야와 우메보시설탕절임

오키나와 대표 채소 고야를 절인 것. 쓴맛과 새콤달콤한 맛에 자꾸 손이 갑니다.

구마모토 熊本
갓절임

볶음밥이나 라면의 반찬으로도 인기있는 갓절임. 독특한 매운맛이 특징입니다.

도쿠시마 徳島
토란대 식초절임

토란의 잎대를 절인 것으로 겨자간장과 먹으면 맛있습니다.

일본식 채소절임

개정판 1쇄 2025년 9월 30일

지은이 부티크사 편집부
지도 감수 키지마 나오미
옮긴이 김수정
펴낸이 정원정, 김자영
편집 홍현숙
디자인 나이스에이지

펴낸 곳 즐거운상상
주소 서울시 중구 충무로 13 엘크루메트로시티 1811호
전화 02-706-9452
팩스 02-706-9458
전자우편 happydreampub@naver.com
출판등록 2001년 5월 7일
인쇄 현대문예

ISBN 979-11-5536-240-2 13590
*이 책의 모든 글과 그림, 디자인을 무단으로 복사, 복제, 전재하는 것은 저작권법에 위배됩니다.
*이 책은 〈일본 가정식 밑반찬 채소절임〉(2016)의 개정판입니다.
*잘못 만들어진 책은 서점에서 교환하여 드립니다.
*책값은 뒤표지에 있습니다.
*전자책으로 출간되었습니다.

Lady Botique Series No.2693 OTSUKEMONO JITSUTREI
Copyright©2008 Boutique-sha, Inc.
All rights reserved.
Original Japanese edition published by BOUTIGUE-SHA, INC.
Korean translation rights©2025 by Happy Dream Publishing co.
Korean translation rights arranged with BOUTIGUE-SHA, INC. Tokyo
through Botong Agency, SEOUL, Korea

이 책의 한국어판 저작권은 보통에이전시를 통한 저작권자와의 독점 계약으로 즐거운상상이 소유합니다.
신 저작권법에 의하여 한국 내에서 보호를 받는 저작물이므로 무단전재와 무단복제를 금합니다.